数字时代汉语言文学教育的创新实践研究

赵 君 / 著

吉林文史出版社

图书在版编目（CIP）数据

数字时代汉语言文学教育的创新实践研究 / 赵君著.
长春：吉林文史出版社，2024. 7. — ISBN 978-7-5752-
0503-0

Ⅰ.H19

中国国家版本馆 CIP 数据核字第 2024A1P539 号

数字时代汉语言文学教育的创新实践研究
SHUZI SHIDAI HANYUYAN WENXUE JIAOYU DE CHUANGXIN SHIJIAN YANJIU

出 版 人　张　强
著　 者　赵　君
责任编辑　李　鹰
出版发行　吉林文史出版社
地　 址　长春市福祉大路 5788 号
邮　 编　130117
电　 话　0431-81629364
印　 刷　武汉鑫佳捷印务有限公司
开　 本　710mm×1000mm　1/16
印　 张　11
字　 数　200 千字
版　 次　2024 年 7 月第 1 版
印　 次　2024 年 7 月第 1 次印刷
书　 号　ISBN 978-7-5752-0503-0
定　 价　68.00 元

前　言

在数字时代的浪潮下，汉语言文学教育正经历着前所未有的变革与挑战。本书不仅是对这一领域的关注和思考，更是对教育创新的探索和实践。本书旨在深入研究数字时代汉语言文学教育的创新实践，为教育工作者提供有益的指导和启示。

我们身处一个数字化的世界，科技的飞速发展不仅改变了我们的生活方式，也深刻影响着教育领域。在这个背景下，汉语言文学教育如何适应时代潮流，借助数字技术实现创新发展，成为摆在我们面前的重要课题。本书立足于此，系统探讨了数字时代对汉语言文学教育的影响，描绘了教育发展的趋势，并深入研究了数字技术在教育中的应用，旨在为教育实践提供有益的参考和借鉴。

在本书中，我们从不同的角度对数字时代汉语言文学教育进行了全面而深入的探讨。首先，我们就汉语言文学教育与数字时代的融合进行了分析，探讨了数字时代对教育的影响以及教育发展的趋势。随后，我们重点关注了课程设计、数字资源应用、文学创作与表达、学生参与互动以及评估与反馈机制等方面的创新实践经验，深入剖析了数字技术在这些方面的应用与发展。

通过本书的研究，我们期望能够为数字时代的汉语言文学教育提供有益的指导和启示。在这个充满挑战与机遇的时代，教育工作者需要不断探索创新，借助数字技术为学生提供更加丰富多彩的学习体验，激发学生的学习兴趣和创造力，促进他们全面发展。相信通过我们的共同努力，汉语言文学教育将迎来更加美好的未来！

目　录

导　论

第一节　研究背景

汉语言文学专业作为中国传统文化的重要组成部分，承载着中华民族数千年历史的精华宝藏，对于推动我国文化研究、规范人们语言使用方面发挥着举足轻重的作用。其教学核心涵盖了广泛而深刻的现代汉语和现代文学内容，同时也包括了古代汉语知识和文学体系，构成了一门富有内涵和广阔视野的学科。汉语言文学并非一门宏观的专业，而是由许多细致的知识模块组成，涉及文字的字音、字形、结构、演变历史等诸多方面。

在当今数字时代，数字技术的迅速发展为汉语言文学教育带来了新的机遇和挑战。将数字技术与汉语言文学专业的知识内容相结合，有望提升教学效率，丰富教学内容，创造更多元化的教学课堂。通过数字化技术，教师可以更加灵活地呈现汉语言文学的内容，为学生提供更加生动、直观的学习体验。例如，利用数字化技术，可以将古代文学作品以多媒体形式呈现，让学生更好地理解和感受古代文学的魅力；同时，结合信息技术，可以开发各种互动性教学工具，促进学生的参与和反馈，激发学习兴趣和积极性。

然而，尽管信息技术在汉语言文学教育中具有巨大潜力，但也面临着一些尚未解决的问题和挑战。首先，教师需要具备良好的数字化技术应用能力和教学设计能力，才能有效将数字技术与汉语言文学教学相结合。其次，教学资源的开发和整合也是一个亟待解决的问题，需要教育机构和相关部门加大投入，建设更加完善的教学资源平台。此外，数字化技术的快速更新换代也给教学工作带来了挑战，教师需要不断学习和更新自己的知识和技能，以适应时代发展的需要。

因此，探索如何充分发挥数字技术在汉语言文学教育中的作用，解决其中存在的问题和挑战，对于提升教育质量和效果，培养更多高素质的人才具有重要意义。只有教育界和相关部门共同努力，加强合作，才能实现"一加一大于二"的教学效果，推动汉语言文学教育迈上新的台阶。

第二节 研究目的和意义

一、研究目的

本研究旨在深入探讨数字化技术在汉语言文学教育中的应用，以寻求有效的教学模式和方法，从而提升教学效果和学习体验。具体而言，研究目的包括：

（一）探索数字化技术在汉语言文学教育中的实际应用情况

通过对当前数字化技术在汉语言文学教育中的运用情况进行调查和分析，深入了解其在教学过程中的实际应用情况。这包括教学资源的数字化程度、数字化教学工具的使用情况，以及数字化技术对教学效果的影响等方面。通过对现状的深入了解，可以为后续的研究提供基础性的资料和数据支撑。

（二）寻找有效的教学模式和方法

在深入了解数字化技术在汉语言文学教育中的应用情况后，本研究旨在探索并提出适合的教学模式和方法，以进一步提高教学效果和学习体验。这可能涉及教学内容的设计、教学方法的选择，以及教学环境的构建等方面。通过寻找有效的教学模式和方法，可以更好地满足学生的学习需求，提升他们的学习兴趣和学习成效。

（三）优化教育资源和教学环境

本研究还将重点关注数字化技术在汉语言文学教育中存在的问题，并探索相应的解决方案，以优化教育资源和教学环境。这可能涉及技术设备的更新和升级、教师的培训和提升，以及教育资源平台的建设和完善等方面。通过优化教育资源和教学环境，可以为学生提供更加丰富、多样化的学习资源和学习体验，从而提升他们的学习效果和学习体验。

二、研究意义

本研究的意义在于：

（一）为教育实践提供理论指导和方法支持

深入探讨数字化技术在汉语言文学教育中的应用，将为教育实践提供理论指导和方法支持。通过对数字化技术在教育领域的研究，可以为教育工作者提供更深入的理解和认识，帮助他们更好地应用数字化技术进行教学设计和教学实践。这将有助于提升教育工作者的教学水平和专业素养，推动教育教学工作不断向前发展。

（二）促进汉语言文学教育的创新发展

本研究将探索数字时代汉语言文学教育的创新发展路径，推动教学模式的创新与转型。通过挖掘数字化技术在汉语言文学教育中的潜在应用，探索新的教学模式和方法，有助于丰富教育教学手段，提高教学效果，激发学生的学习兴趣和创造力。同时，促进教学模式的创新还可以推动汉语言文学教育与时代发展保持同步，更好地适应社会需求和学生需求。

（三）提升教育教学质量

优化教育资源和教学环境，提高教学效果和学习体验，是本研究的重要目标之一。通过研究数字化技术在汉语言文学教育中的应用，解决其中存在的问题和挑战，优化教育资源和教学环境，可以有效提升教育教学质量。提高教育教学质量不仅有利于培养学生的综合素质和创新能力，也有助于提升学校的声誉和社会地位，为国家培养更多更优秀的人才做出贡献。

第三节 研究问题和假设

一、研究问题

（一）数字化技术在汉语言文学教育中的实际应用情况如何？

在这个问题中，我们将深入探讨当前数字化技术在汉语言文学教育领域的实际应用情况。这包括对教学资源数字化程度的调查、教学工具的实际应用情况以及数字化技术对教学效果的影响等方面的分析。通过对实际应用情况的了解，可以全面评估数字化技术在汉语言文学教育中的现状，并为后续研究提供基础数据和参考依据。

（二）如何有效整合数字化技术，提升汉语言文学教学效果？

本问题旨在探究如何利用数字化技术有效地整合教学资源，设计创新的教学模式和方法，以提升汉语言文学教学的效果和学习体验。我们将研究教学内容的设计、教学方法的选择以及教学环境的构建等方面，探索有效的整合方式，并评估其对教学效果的影响。通过寻找有效的整合方式，可以提高教学效果，激发学生的学习兴趣和主动性。

（三）数字时代的汉语言文学教育存在哪些挑战？如何应对？

在这个问题中，我们将分析数字时代汉语言文学教育面临的挑战，包括技术应用、教师培训、教育资源开发等方面的挑战。针对这些挑战，我们将提出相应的解决策略和对策，以推动汉语言文学教育的健康发展。这将有助于教育工作者更好地应对数字时代的挑战，推动教育教学工作不断向前发展。

二、研究假设

在数字时代，数字化技术在汉语言文学教育领域的应用已经成为不可忽视的课题。然而，仅仅是将技术引入教学过程并不足以保证教学效果的提升，因为数字化技术的有效整合和运用是关键。我们提出的研究假设是：数字化技术的有效整合能够提升汉语言文学教学的学习效果和教学质量。首先，数字化技术的有效整合可以丰富教学资源，提供多样化的学习内容和形式。通过数字化教学平台、在线文学数据库等工具，学生可以获得更加便捷、丰富的学习资源，从而激发学习兴趣，提高学习积极性。其次，数字化技术的有效整合可以创新教学方法，提升教学效果。利用数字化技术，可以开展多媒体教学、虚拟实验、个性化学习等形式多样的教学活动，满足不同学生的学习需求，促进知识的深入理解和掌握。此外，数字化技术的有效整合还可以提升教学管理和评估效率。通过数字化教学平台的管理系统，教师可以实时跟踪学生的学习情况，及时调整教学策略，为学生提供个性化的学习指导。同时，利用自动化评估工具，可以更加客观、准确地评估学生的学习成绩，为教学质量的提升提供有力支持。

第四节　方法论概述

一、文献综述

文献综述是研究过程中至关重要的一步，通过对已有文献的梳理和分析，可以深入了解数字化技术在汉语言文学教育领域的研究现状和发展趋势。本文将对当前相关文献进行综述，以探讨数字化技术在汉语言文学教育中的应用情况及其影响。

近年来，随着信息技术的迅速发展和普及，数字化技术已经在教育领域得到广泛应用，汉语言文学教育也不例外。相关文献表明，数字化技术为汉语言文学教育带来了诸多机遇和挑战。其中，教学资源的数字化和在线教学平台的建设成为重要研究方向。通过数字化教学资源，学生可以获取更加丰富、多样化的学习资料，从而提高学习效率和质量。同时，各种在线教学平台的出现，为学生提供了更加灵活和便捷的学习方式，打破了时间和空间的限制，促进了教学的个性化和差异化。

数字化技术对汉语言文学教学模式的影响也日益凸显。传统的教学模式受到了挑战，数字化技术为教学注入了新的活力和创新。例如，通过数字化技术，教师可以设计更加生动、具有互动性的教学内容，提升学生的学习兴趣和参与度。同时，数字化技术还为教学评估提供了新的途径和方法，实现了对学生学习情况的及时监测和反馈，有助于更好地指导教学实践。

二、实地调查

第一，本研究将采用问卷调查的方式，针对汉语言文学教育领域的教师和学生进行调查。通过设计科学合理的问卷，我们可以了解教师和学生对数字化技术在教学中的认知和运用情况，以及他们对数字化技术应用的期待和需求。问卷调查将覆盖教学资源的数字化程度、在线教学平台的使用情况、数字化教学工具的应用等方面，为研究提供量化数据支持。

第二，本研究将进行面对面的访谈，与一些汉语言文学教育领域的专家学者进行深入交流。通过与专家学者的沟通，可以获取到更加深入和专业的见解，了解数字化技术在汉语言文学教育中的最新发展动态和未来趋势。专家学者的意见和建议将为研究提供宝贵的学术支持和指导，有助于拓宽研究的视野和深度。

第三，本研究还将走进实际的教育现场，进行实地观察和调研。通过参与教学课堂、参观数字化教学资源中心等方式，深入了解数字化技术在汉语言文学教育中的具体应用情况，探索其在实际教学中的优势和不足之处。实地调研将为研究提供真实可靠的数据支持，使研究结果更加具有说服力和可信度。

三、案例分析

（一）关注数字化教学平台的建设案例

这些案例可以涉及各种类型的数字化教学平台，如学校内部自建的在线学习平台、第三方教育科技公司提供的教学管理系统等。我们将分析这些平台的功能特点、用户体验、技术支持等方面，探讨它们在汉语言文学教育中的实际应用情况，以及对教学效果的影响。

（二）研究在线教学课程的设计案例

这些案例可以包括线上课程的内容设置、教学活动设计、互动方式等方面。我们将对不同类型、不同水平的在线教学课程进行比较分析，探讨其优势和不足之处，为教师设计和开发在线课程提供参考和借鉴。

（三）关注数字资源的开发利用案例

这些案例可能涉及数字化图书馆、文学数据库、多媒体素材库等资源的建设和利用情况。我们将分析这些数字资源的内容丰富程度、技术支持水平、教学应用效果等方面，探讨如何更好地利用数字资源丰富教学内容，提升教学效果和学习体验。

四、定量与定性分析

（一）定量分析

通过收集的大量数据，我们将利用统计方法进行数据处理和分析。借助统计软件，如社会科学统计软件包（SPSS）、R语言等，我们可以对数据进行描述性统计、相关分析、回归分析等，以揭示数字化技术在汉语言文学教育中的普遍规律和趋势。例如，我们可以分析不同数字化技术应用对学习成绩的影响程度，或者探讨数字化技术在提升学生学习兴趣和积极性方面的效果。通过定量分析，我们可以得出客观准确的结论，为研究提供可靠的数据支持。

（二）定性分析

通过主题编码、内容分析等方法，我们将对收集到的访谈、问卷调查等定性数据进行深入理解和解释。这种方法能够帮助我们挖掘出数据背后的含义和内涵，揭示数字化技术在汉语言文学教育中的具体应用情况以及影响因素。例如，我们可以通过对访谈内容进行主题编码，分析教师和学生对数字化技术教学的看法和体验，从而发现其优势和不足之处。通过定性分析，我们可以深入理解数字化技术在汉语言文学教育中的实际运用情况，为研究提供深入的分析和理论支持。

第一章　数字时代与汉语言文学教育的融合

第一节　数字时代对汉语言文学教育的影响

一、汉语言文学教育概述

汉语言文学就是培养学生的系统的汉语言文学方面的基础知识和文艺理论素养。学生通过大学专业课的基本学习需要掌握如下几方面的知识技能与基本素养：

（一）基本学科知识的掌握

1.语言学知识

语言学作为一门综合性学科，涵盖了语音学、语法学、词汇学和语用学等多个方面的内容，对于学生理解汉语言文学的本质和特点具有重要意义。以下是对语言学知识在汉语言文学教育中的重要性的进一步探讨：

（1）语音学

语音学是研究语音的学科，包括音位学、声调学、音系学等内容。在汉语言文学教育中，学生通过学习语音学知识，能够深入了解汉语言的语音系统和语音规律。掌握语音学知识有助于学生正确地理解和发音汉语音节、音韵，并能够更准确地分析文学作品中的语音现象，如韵律、押韵等，从而提高对文学作品的审美和理解能力。

（2）语法学

语法学是研究语言的结构和规则的学科，包括句法学、语义学等内容。在汉语言文学教育中，学生通过学习语法学知识，能够深入理解汉语句子的结构和成分，掌握语法规则和语法现象，如句子成分、词类、语法功能等。通过对语法学知识的掌握，学生能够准确地分析文学作品中的语法结构，如句式、修辞手法等，从而更深刻地理解文学作品的语言魅力和艺术特点。

（3）词汇学

词汇学是研究词汇的学科，包括词义学、词源学等内容。在汉语言文学教育中，学生通过学习词汇学知识，能够了解汉语词汇的构成和演变规律，掌握常用词汇的意义和用法，拓展词汇量，并能够更准确地理解和表达文学作品中的词语含义和意象，从而提升文学阅读和写作的能力。

（4）语用学

语用学是研究语言使用规则和交际原则的学科，包括语言行为学、语言交际学等内容。在汉语言文学教育中，学生通过学习语用学知识，能够了解语言在交际中的功能和作用，掌握语言的社会文化背景和用语规范，更好地理解文学作品中的语言运用和意义表达，如修辞手法、语用关系等，从而提升对文学作品的解读和欣赏能力。

2. 文学理论知识

文学理论是研究文学的理论体系，包括文学批评理论、文学流派和文学史等多个方面的内容。以下是对文学理论知识在汉语言文学教育中的重要性的进一步探讨：

（1）文学批评理论

文学批评理论是研究文学作品评价和分析的理论体系，包括结构主义、形式主义、马克思主义文艺理论、后现代主义等不同的批评理论。学生通过学习文学批评理论，能够了解不同理论观点对文学作品的解读和评价方法，理解文学批评的基本原理和方法论，提升对文学作品的批评分析能力，从而更好地理解和欣赏文学作品的艺术魅力。

（2）文学流派

文学流派是指在一定历史时期和文化环境下形成的具有一定特点和风格的文学体裁和风格。常见的文学流派包括现实主义、浪漫主义、象征主义、唯美主义等。学生通过学习文学流派，能够了解不同文学流派的特点和内涵，理解文学作品的历史背景和文化意义，从而更准确地把握文学作品的风格和特色，提升文学阅读和鉴赏能力。

（3）文学史

文学史是研究文学发展历程和文学作品演变规律的学科，包括古代文学史、现代文学史等内容。学生通过学习文学史，能够了解不同历史时期的文学作品和文学思潮，理解文学作品的时代背景和社会脉络，从而更深入地把握文学作品的内涵和意义，提升文学研究和创作的水平。

3.历史和哲学知识

（1）历史知识

①中国历史的演变

学生需要了解中国历史的演变过程，包括各个时期的政治、经济、文化等方面的发展变化。通过对中国历史的学习，学生能够了解文学作品所处的时代背景，把握作品的历史脉络和社会背景，从而更准确地理解作品的内涵和意义。

②历史事件的影响

学生需要了解一些重要的历史事件对文学创作的影响。例如，战争、革命、改革开放等历史事件都会对文学作品的题材、风格和内容产生重大影响，学生通过学习这些历史事件，能够更好地理解和欣赏相应时期的文学作品。

（2）哲学知识

①中国哲学的思想体系

学生需要了解中国传统哲学的思想体系，包括儒家、道家、墨家、法家等不同学派的主要观点和思想。通过对中国哲学的学习，学生可以深入了解中国传统文化的精髓和核心价值观，理解文学作品中所蕴含的哲学思想和人生观。

②哲学思想对文学创作的影响

学生需要了解不同哲学思想对文学创作的影响。例如，儒家思想注重伦理道德、家国情怀，道家思想追求自然与自我融合，这些思想都会在文学作品中得到体现，学生通过学习哲学知识，能够更深刻地理解文学作品的内涵和意义。

（3）综合应用

历史和哲学知识与文学知识相互渗透，相辅相成。学生通过学习历史和哲学知识，能够更全面地理解文学作品的时代背景、社会脉络和思想内涵，从而更深入地把握作品的意义和价值。这种综合应用不仅能够提升学生的文学素养和人文素养，也有助于培养学生的综合分析和创新能力，为其未来的学习和工作打下良好的基础。

（二）形成正确的文艺观点和语言文字观点

1.文艺观点的培养

在汉语言文学教育中，培养学生正确的文艺观点是至关重要的。以下是如何培养学生正确的文艺观点的一些方法和途径：

（1）审美认识与评价能力的培养

学生需要通过阅读和分析各类文学作品，培养自己的审美意识和审美能力。教师可以引导学生从文学作品的情节、人物、语言运用等方面进行分析和评价，引导学生形成独立、客观的审美观点。

（2）批判性思维的培养

学生需要具备批判性思维，能够客观地分析文学作品的优缺点，并对作品的主题、结构、语言等方面进行深入思考和评价。教师可以通过讨论和辩论等方式，引导学生进行批判性思维的训练，提升其对文学作品的分析和评价能力。

（3）形成独特的文学审美观

学生应该在阅读和分析文学作品的过程中，逐渐形成自己独特的文学审美观。这需要学生在不断地思考和探索中，吸收和借鉴他人的观点，形成符合自己思想和情感的审美观。

2. 语言文字观点的形成

除了文艺观点外，学生还应该形成正确的语言文字观点，以提升其语言文字运用能力和表达准确性。以下是一些培养学生语言文字观点的方法和途径：

（1）语言文字规范与美感的认识

学生需要了解语言文字的规范和美感，掌握语法、词汇、修辞等方面的基本知识。教师可以通过课堂讲解和练习，引导学生了解语言文字的规范要求和美感标准，提高其语言文字的运用能力。

（2）语言文字运用的准确性和优美性的追求

学生应该注重语言文字运用的准确性和优美性，避免语言表达中出现错误和不当之处。教师可以通过批改作业、讲解范例等方式，引导学生规范语言文字表达，提升其语言文字的准确性和优美性。

（3）培养语言表达能力

学生需要通过大量的语言表达实践，提升自己的语言表达能力。教师可以设计各种口头和书面表达的练习活动，引导学生积极参与，锻炼其语言表达能力，使其语言文字观点更加成熟和准确。

（三）处理古今语言文字材料的能力

1. 文学作品解读与分析能力

在汉语言文学教育中，学生需要培养解读和分析古今文学作品的能力。以下是如何培养学生处理古今语言文字材料的能力的一些方法和途径：

（1）深入理解文学作品

学生应该通过阅读和分析文学作品，深入理解作品的内涵和表达方式。教师可以引导学生关注作品的情节、人物、语言运用等方面，帮助他们建立对作品的整体把握，形成准确的解读和理解。

（2）把握作者创作意图

学生需要理解作者创作文学作品的初衷和意图。教师可以引导学生通过作品的背景资料、作者的生平经历等途径，了解作者的创作动机和背景，从而更好地理解作品的内涵和价值。

（3）分析作品的结构和风格

学生应该具备分析文学作品结构和风格的能力。教师可以引导学生从作品的篇章结构、叙事手法、语言特点等方面进行分析，帮助他们理解作品的艺术构思和表现手法。

（4）理解作品所表达的主题和思想

学生需要能够理解作品所表达的主题和思想。教师可以引导学生通过作品中的人物形象、事件情节、隐喻象征等方面，深入探讨作品所反映的社会现实和人生哲理，提升学生的文学鉴赏能力。

2. 教学设计与实施能力

以下是如何培养学生教学设计与实施能力的一些方法和途径：

（1）教学内容的策划

学生应该能够根据教学目标和学生特点，设计合理的教学内容。教师可以引导学生通过分析教学任务和学生需求，确定教学内容的重点和难点，合理安排教学进度和课程结构。

（2）教学方法的选择

学生应该能够灵活运用不同的教学方法和手段。教师可以引导学生熟悉各种教学方法的特点和适用场景，培养其选择和运用适合教学内容和学生特点的教学方法的能力。

（3）教学方案的执行

学生应该能够有效地执行教学方案，确保教学过程的顺利进行。教师可以通过实际教学操作和反思讨论等方式，帮助学生理解和掌握教学方案的要求和步骤，提高其教学实施能力。

（四）口语表达能力和书面语表达能力

1. 口语表达能力的培养

在汉语言文学教育中，培养学生良好的口语表达能力至关重要。以下是一些方法和途径，可以帮助学生提升口语表达能力：

（1）课堂演讲和口头表达训练

教师可以安排课堂演讲和口头表达训练活动，让学生有机会展示自己的口才和表达能力。通过这些活动，学生可以提高自信心，增强说话的流畅性和自然度。

（2）小组讨论和角色扮演

教师可以组织小组讨论和角色扮演活动，让学生在小组内交流和讨论问题，扮演不同角色，锻炼说话的技巧和逻辑思维能力。这有助于学生学会倾听他人、表达自己的观点，并且理解不同观点之间的关系。

（3）口语练习和模仿

学生可以通过口语练习和模仿名人演讲、广播节目等方式，提升自己的口语表达能力。教师可以提供一些范例和指导，帮助学生分析和借鉴优秀的口语表达技巧，逐步提高他们的口语水平。

2. 书面语表达能力的提升

在汉语言文学教育中，除了口语表达能力外，提升学生的书面语表达能力同样至关重要。以下是一些方法和途径，可以帮助学生提升书面语表达能力：

（1）写作训练和作文指导

教师可以组织写作训练和作文指导活动，引导学生掌握写作的基本技巧和方法。通过分析范文、撰写作文、修改和润色等环节，学生可以逐步提升自己的写作水平和书面表达能力。

（2）阅读和模仿优秀作品

学生可以通过阅读优秀的文学作品和文章，模仿其中的语言风格和表达方式，提升自己的书面语表达能力。教师可以推荐一些经典文学作品和优秀文章，引导学生学习其中的表达技巧和修辞手法。

（3）编辑和校对练习

学生可以参与编辑和校对练习，学习如何修改和完善文章。通过对他人作品的编辑和校对，学生可以提高自己对语言文字的敏感度和准确性，从而提升自己的书面语表达能力。

（五）文学修养与文学鉴赏能力

1. 文学作品的欣赏与评价

在汉语言文学教育中，培养学生的文学修养与文学鉴赏能力是至关重要的。以下是一些方法和途径，可以帮助学生提升文学作品的欣赏与评价能力：

（1）经典文学作品阅读

学生应该广泛阅读经典文学作品，包括古代经典和现代经典。通过阅读不同时期、不同流派的文学作品，学生可以感受到不同文学风格和审美趣味，提升自己的文学鉴赏能力。

（2）文学作品分析

学生可以学习如何对文学作品进行深入地分析和评价。教师可以引导学生从情节、人物、风格、语言运用等方面进行分析，帮助他们理解作品的内涵和价值，培养批判性思维和独立思考能力。

（3）文学讨论与交流

学生可以参与文学讨论和交流活动，与同学和老师分享自己的阅读体验和感悟。通过讨论和交流，学生可以开阔视野，拓展思维，深化对文学作品的理解和认识。

2. 文学创作与表达能力

以下是一些方法和途径，可以帮助学生提升文学创作与表达能力：

（1）写作训练和创作指导

学生可以参与写作训练和创作指导活动，学习写作的基本技巧和方法。教师可以为学生提供写作题目或创作任务，引导他们进行创作实践，逐步提升写作能力。

（2）文学创作比赛和作品展示

学生可以参加文学创作比赛或作品展示活动，展示自己的文学作品。这样的活动可以激发学生的写作热情，提高他们的创作积极性，培养他们的文学创作能力。

（3）作品编辑和修改

学生可以学习如何编辑和修改自己的作品。通过修改和润色，学生可以提升作品的质量和表达效果，培养自己的审美能力和写作技巧。

（六）哲学素养和自然科学素养

1. 独立思考与分析问题能力

在汉语言文学教育中，培养学生的哲学素养和自然科学素养至关重要。以下是一些方法和途径，可以帮助学生提升独立思考与分析问题的能力：

（1）哲学思维的培养

学生可以学习哲学思维方法，如逻辑思维、批判性思维等，以培养自己的独立思考能力。通过学习哲学理论和哲学经典著作，学生可以了解不同哲学观点和思想体系，拓展思维边界，提升自己的思维深度和广度。

（2）科学方法的应用

学生可以学习科学方法和科学精神，如观察、实验、推理等，以培养自己的分析问题的能力。通过科学实验和观察，学生可以发现问题、提出假设，并通过推理和实验验证假设，从而深入理解问题的本质和规律。

（3）文学作品的哲学解读

学生可以运用哲学思维和科学方法，对文学作品中的思想内涵进行深入解读和分析。通过分析作品所表达的价值观和人生观，学生可以探讨作品背后的哲学思想和文化内涵，从而提升对文学作品的理解和评价能力。

2.综合素养与创新能力

以下是一些方法和途径，可以帮助学生提升综合素养与创新能力：

（1）跨学科知识的学习

学生可以学习跨学科知识，包括文学、哲学、历史、自然科学等多个领域的知识。通过学习不同学科的知识，学生可以拓宽视野，增强综合素养，为文学研究和创作提供更广阔的思路和视角。

（2）问题解决能力的培养

学生可以参与问题解决和创新设计活动，锻炼自己的创新思维和解决问题的能力。通过解决实际问题和开展创新项目，学生可以提升自己的实践能力和创新水平，培养自己的综合素养和创新精神。

（3）创新项目的开展

学生可以参与创新项目的开展和实施，发挥自己的创造力和想象力。通过参与科研项目、文学创作比赛等活动，学生可以锻炼自己的创新能力和团队合作精神，为自己的综合素养和创新能力的提升奠定基础。

二、汉语言文学教育的主要特点和重要性

（一）主要特点

作为最重要和最主要的社科人文类学科，汉语言文学的人文主义特点是其最核心的特点，因此针对这一特殊学科的教育教学最关注的莫过于对传统优秀文化

及人文主义精神的继承与弘扬。学习汉语言文学更加侧重于对其文化性、文学性、人文性的探寻、认知，进而提升个体的社会责任意识、文化认同。从这一角度看，汉语言文学的教育不同于医学、工程设计、商业管理等学科有着相对鲜明的针对性。相反，诸如文秘、广告、策划及一切与文字、表达等有关的领域都不同程度涉及汉语言文学范畴。因此，汉语言文学是极其泛化、关联甚众的学科。不仅如此，由于汉语言文学往往间接影响着几乎所有行业、职业，所以，现实职场中虽然没有专门以汉语言文学为名的职务或岗位，但其在几乎所有行业、职业中都会或多或少有所涉及。从这一角度看，汉语言文学的职业定位又极其模糊。若严格按照职业划分，这一学科几乎没有对应性，因此狭义上相对缺乏实用性。

（二）重要性

汉语言文学的主要特点决定了这一学科的特殊性，而其人文性又决定了其不可或缺的重要性。汉语言文学几乎是学好其他所有专业的基石。无论是文科还是理科，扎实的汉语言文学基础都能在更大程度上提升学习者的理解力、表达力，帮助学习者更加准确掌握各种定义、定理或概念的内容。可以说，良好的汉语言文学功底一定程度上能够起到助力和推手的作用，使学习者在投入与他人相同或近似的时间与精力后获得更加丰厚的回报。比如，优秀的大夫往往能够凭借卓越的口头表达能力，更快向患者说明病情并就治疗方案达成共识。甚至一位足球比赛解说员也需要卓越的汉语言文学基础，才能向球迷奉献一场精彩绝伦的解说。

三、技术发展对教育模式、教学手段的影响

（一）教学模式的转变

数字技术的发展催生了教学模式的转变，从传统的以教师为中心的教学模式向以学生为中心的教学模式转变。传统的教学模式中，教师主导着教学过程，学生被动接受知识。而在数字技术的支持下，学习者可以更加自主地选择学习内容、学习时间和学习方式。例如，通过在线教学平台、教育 App 等数字化工具，学生可以随时随地获取学习资源，自主学习，突破了时间和空间的限制。这种以学生为主体的教学模式更加符合现代学生的学习需求和学习习惯，促进了学生的主动参与和自主学习能力的培养。

（二）教学手段的丰富多样化

数字技术的发展极大地丰富了汉语言文学教学的手段和方式。传统的教学手

段主要包括讲授、阅读、讨论等，而数字技术为教学提供了更多元化的方式，如多媒体课件、网络教学平台、虚拟实验室等。通过这些数字化工具，教师可以更加生动地呈现教学内容，激发学生的学习兴趣；学生可以通过在线讨论、协作编辑等方式进行互动交流，提高学习效率和学习成果。同时，数字技术还为个性化教育提供了可能，根据学生的学习需求和水平，提供量身定制的学习资源和学习计划，促进了教学的差异化和个性化。

（三）教学资源的共享和开放

数字技术的发展使得教学资源的共享和开放成为可能。教育资源的数字化、网络化使得教师和学生可以更加便捷地获取到丰富的学习资源，包括教学视频、电子书籍、网络课程等。同时，数字技术还促进了教师和学生之间的信息共享和交流，加强了教学资源的共建共享。例如，教师可以将自己制作的教学课件、教学视频等资源上传到网络平台，供其他教师和学生使用，实现了资源的共享和开放。这种开放式的教学资源共享模式不仅丰富了教学内容，还促进了教学资源的优化和更新，提高了教学的质量和效率。

第二节　汉语言文学教育的发展趋势

一、汉语言文学专业数字化发展的必然性

（一）教育理念改革发展的必然要求

随着社会经济和客观环境的变化，教育界对现行的教学模式和教学体系都做了相应的调整，一定程度上对传统的教学理念进行了改革，使教育教学能够更好地适应当前的社会发展。传统的教学模式存在最大的问题就是表现形式过于刻板，知识传输模式过于单向化，这不但不符合当前人才培养的总目标，也一定程度上违背了数字时代对教育教学的提出的要求。当前的人才培养，更注重学习者是否具有对知识的主动探究精神，以及是否具有多元个性化的发展理念，所以在教学模式和教学方法上都做了相应的调整。将汉语言文学专业与数字化教学相结合，是教学模式、方法上的创新，也是激发学生学习兴趣、启发学生智慧的重要途径。因此，汉语言文学专业与信息技术的结合是教育理念改革发展的必然要求，是提升教学效率的必由之路。

（二）社会发展的需求

高校教学的重要任务之一就是向市场、社会输送专业型高素质人才，汉语言文学专业的学生，可胜任的工作范围较广，呈现出多元化的特征。常见的工作种类有编辑、教师、文学评论以及向文化方向发展，这些工作类型在当前的社会发展环境下，往往都与互联网、信息技术相结合，并不存在单纯、单一途径的工作内容。因此，学生为了更好地迎合市场对专业复合型人才的需要，在专业课程的学习阶段应当熟练掌握信息技术的应用，能够有机地将自身所学专业与信息技术相结合。也就是说，只有学生在具备扎实专业能力的基础上，再与现代信息技术相结合，构建起特有的知识结构体系，并且在实际工作中得到运用，这样才能符合社会发展的需求。

1.专业型高素质人才需求

高校教育的使命之一是培养具备专业技能和综合素养的高素质人才，以适应社会发展的需要。汉语言文学专业的学生具备广泛的就业范围，包括但不限于编辑、教师、文学评论家等岗位。然而，随着社会经济的快速发展和信息技术的广泛应用，现代职场对专业复合型人才的需求日益增加，要求学生具备更广泛的知识背景和技能。

2.多元化工作环境与信息技术结合

在当前的社会发展环境下，传统的工作类型已经不能满足市场的需求，工作环境呈现出多元化和复杂化的特征。例如，编辑、教师等职业已经与互联网、信息技术密切结合，工作内容不再是简单的文字编辑或教学，而是需要学生具备信息技术应用能力，能够灵活运用数字工具进行文本编辑、在线教学等工作。因此，学生需要在专业课程学习的同时，积极掌握信息技术的应用技能，将专业知识与信息技术相结合，提高自身的综合竞争力。

3.知识结构体系与实际应用

为了更好地适应社会发展的需求，学生应该在专业课程学习中注重实践能力的培养。除了扎实的专业知识外，学生还应该具备将所学知识与现代信息技术相结合的能力，构建起特有的知识结构体系。这意味着学生不仅要掌握汉语言文学的基本理论和方法，还要具备信息技术的应用能力，能够将所学知识灵活应用于实际工作中。只有在实际工作中得到运用，学生才能真正地适应社会发展的需求，实现个人价值与社会价值的良性互动。

（三）知识价值和知识体系构建的需求

语言作为思想的载体，是传递价值观、世界观的重要途径，也是丰富人类精神世界的重要武器。汉语言文学专业作为一门研究语言的专业，需要构建起知识与学习者之间的桥梁，而信息技术与教学的结合，有效解决了以往知识单向传输的弊端，使知识能够进行双向的传递，让学习者的主动性得到有效提升。因此，实现汉语言文学专业的数字化教学是知识价值和知识体系构建的需求，专业教学工作者应当引起重视。

1. 语言作为思想的载体与知识的传递

汉语言文学专业旨在传递语言知识、文学艺术以及丰富的人文精神，通过语言文字的学习和理解，学生可以更深入地感知和理解不同时期、不同文化背景下的价值观、世界观以及人类思想的演变过程。因此，构建汉语言文学专业的知识体系不仅是为了传递语言知识本身，更是为了传递其中蕴含的人文精神、文化价值和思想观念，从而丰富学生的精神世界，促进人类文明的传承与发展。

2. 数字化教学与知识体系构建的融合

信息技术的发展为汉语言文学专业的数字化教学提供了广阔的空间和可能性。数字化教学将知识的传递从传统的单向传输转变为双向互动，不仅提高了学习者的参与度和主动性，也促进了知识的共享与交流。通过数字化教学平台、在线学习资源等，学生可以随时随地获取到丰富的学习资料，进行自主学习和交流讨论，从而更好地理解和掌握所学知识。同时，教师可以借助数字化教学工具，更生动地呈现教学内容，提高教学效率和教学质量。因此，数字化教学与知识体系构建的融合，既是对传统教学模式的创新，也是满足学生个性化学习需求的重要途径。

3. 专业教学工作者的责任与挑战

构建汉语言文学专业的知识体系需要专业教学工作者的共同努力和责任担当。教师需要不断更新教学理念和教学方法，积极探索数字化教学的有效实践路径，提高教学质量和水平。此外，还需要加强对学生的指导和引导，帮助他们树立正确的学习态度和方法，提高学习自觉性和主动性。同时，教师还需要加强学科之间的交叉融合，拓宽学生的学科视野，促进学科知识的综合应用和创新发展。面对数字化教学的挑战，教师需要不断提升自身的信息技术水平和教学能力，以更好地适应教育发展的需求和挑战，为汉语言文学专业的知识体系构建作出积极贡献。

二、汉语言文学教育现状

当前，从事汉语言文学教学的教师已经基本上认识到传统的讲授法存在的弊端，已经逐步开始注重重点讲解重点知识与难点知识，并且注重新的教学理念在教学中的具体贯彻但是，就当前汉语言文学教学相撞来看，其教学中仍然存在一定问题，尤其是表现在教师与学生在课堂中的交流与对话之中。具体表现在以下方面：

（一）传统教学法的弊端及新的教学理念的贯彻

目前，汉语言文学教学中的教师已经开始逐步认识到传统的讲授法存在的弊端，并且开始注重重点知识与难点知识的讲解，以及新的教学理念在教学中的贯彻。然而，尽管教师们开始改变教学方式，但仍然存在一些问题需要解决。

1. 主体中心性地位的教学模式

在传统的教学模式中，教师往往处于主导地位，是课堂的核心和焦点。这种主体中心性地位的教学模式在一定程度上限制了学生的自主性和参与度，导致学生缺乏主动探索和创造的机会。教师通常是知识的传授者和解释者，而学生则被动地接受教师的灌输，缺乏独立思考和批判性思维的培养。在这种模式下，学生的学习往往局限于被动地接受知识，而缺乏对知识的深入理解和运用能力的培养。

教师在课堂上往往起着主导作用，他们主导着教学内容的选择和呈现方式，掌控着课堂的进度和氛围。而学生则往往处于被动接受的状态，他们缺乏表达自己观点和思考的机会，很少有机会参与到课堂讨论和互动中。这种教学模式使得学生缺乏自主性和主动性，对知识的吸收和理解程度有限，容易导致学习兴趣的减退和学习动力的下降。

在主体中心性地位的教学模式下，教师往往扮演着知识的权威和评判者的角色，而学生则处于被动接受和被评判的位置。教师的话语权往往高于学生，学生缺乏对教学内容的参与和探索，很难形成独立思考和创新能力。这种单向的教学模式容易造成师生之间的隔阂和沟通不畅，学生的学习效果和兴趣受到严重影响。

2. 交流互动过程的单一性与肤浅性

在传统的教学模式下，交流互动过程的单一性和肤浅性是教学中的一个显著特点。通常情况下，教师主导着课堂的交流，学生被动地接受和回答问题，而这种问答式的交流方式往往只是在表面上满足了教学的要求，却未能真正激发学生的深度思考和主动探索。首先，这种交流模式的单一性在于，交流往往是由教师主导和控制的，学生只是简单地回答问题，缺乏自由表达和思维碰撞的机会。教师提出问题的目的是检验学生对知识的掌握程度，而学生的回答往往是机械性的、固定的，缺乏深度的思考和创新性的回答。其次，交流过程的肤浅性表现在，学生的回答往往停留在表面层面，缺乏对问题的深入思考和综合分析能力。由于教学目的的单一性和时间的限制，教师往往只能提出一些简单的问题，学生的回答也往往局限于简单的描述和解释，无法展现出他们的真实思维和理解水平。

（二）不充足的师生交流互动与缺乏有效评价

1. 师生交流互动得不充足

在当前的教学实践中，尽管新的教学理念强调了师生之间的交流互动，但实际情况却显示出师生交流互动的不足。这一现象在很大程度上是由于教师在教学过程中对学生的情感状态和个体差异缺乏足够的关注和理解所致。以下是导致师生交流互动不充分的几个方面：首先，教师可能忽视了学生的情感状态。在传统的教学模式中，教师通常更关注课程内容的传授和学生的学习成绩，而忽视了学生的情感体验和情绪变化。然而，学生的情感状态对其学习效果和学习态度具有重要影响，如果教师无法理解和适当引导学生的情感，就难以建立良好的师生关系和有效的交流互动。其次，教师可能忽视了学生的个体差异。每个学生都是独特的个体，其学习方式、兴趣爱好、认知能力等方面存在差异。然而，在课堂教学中，教师往往采取一刀切的方式对待学生，忽视了他们的个体差异，导致部分学生在学习过程中感到困惑和挫败。如果教师不能充分了解学生的个体特点和需求，就难以进行有效的交流互动，无法满足学生的学习需求。此外，教师与学生之间的交流互动可能存在着权威性和单向性。在传统的教学模式下，教师往往扮演着权威和领导者的角色，而学生则处于被动接受和听从的地位。这种单向的交流模式限制了学生表达自己观点和想法的空间，导致教师与学生之间的交流互动不够平等和充分。

2. 交流互动中的表演成分与学生知识技能的提升

在教师与学生交流互动的过程中，教师往往扮演着主导者的角色，而学生则处于被动接受的状态。在这种情况下，交流互动往往带有明显的表演成分，教师可能更关注于自身在教学过程中的表现，而忽视了学生的真实参与感。这种表演性的交流模式对学生的知识技能和学科素养的提升产生了不利影响，具体表现如下：首先，表演性的交流模式限制了学生的自主思考和批判性思维能力的培养。在课堂上，教师往往主导着讨论的方向和内容，而学生则只是被动接受知识，缺乏对知识的主动探究和批判性思考的机会。这使得学生缺乏对知识的深度理解和应用能力，无法真正掌握和运用所学知识。其次，表演性的交流模式可能导致学生对知识的理解产生偏差。教师在课堂上可能更注重知识的表面理解和传授，而忽视了对知识深层次的挖掘和探究。这使得学生对知识的掌握程度不够全面和深入，容易出现对知识的片面理解和误解。此外，表演性的交流模式可能使得学生缺乏对知识的实践应用能力。在课堂上，教师往往注重知识的传授和讲解，而忽视了知识在实际问题中的应用。这使得学生缺乏对知识的实践操作和应用能力，无法将所学知识有效地运用到实际生活和工作中。

3. 缺乏及时有效的评价与课堂收获不明确

在教学过程中，教师与学生之间的交流互动往往缺乏对学生学习情况的及时有效评价，导致学生的课堂收获难以明确。这一问题的存在对学生的学习效果和教学质量都带来了不利影响，具体表现在以下几个方面：首先，缺乏及时有效的评价导致学生无法准确了解自己的学习情况和提升方向。在传统的教学模式下，教师往往缺乏对学生学习过程的及时监测和评价，而是更注重课堂内容的传授和讲解。这使得学生无法清晰地了解自己在学习过程中的优势和不足，也无法及时调整学习策略和提升方法。其次，缺乏有效的评价会影响教师对课堂教学效果的判断和调整。在课堂上，教师往往缺乏对学生学习情况的全面了解，无法及时发现学生的学习困难和问题，也无法及时采取针对性的教学措施。这导致了教师在教学过程中难以有效地指导学生，课堂教学效果难以得到最大化的发挥。此外，缺乏及时有效的评价也会影响学生对自身学习情况的认知和自我管理能力的培养。在课堂教学过程中，学生往往缺乏对自己学习情况的全面认识，无法清晰地了解自己的学习状态和提升方向。这使得学生缺乏对学习的自我调控和管理能力，影响了其学习效果和学业成绩的提升。

三、数字时代汉语言文学教育的发展趋势

（一）网络及多媒体技术广泛运用到汉语言文学教学中

大学生在学习和生活的各个方面都离不开互联网。网络已成为大学生获取信息和学习知识的主要渠道之一。多媒体技术使用两种或更多种媒体格式来实现人机交互信息通信。为汉语言文学应用网络和多媒体技术拓宽教学手段提供了可

能,使多媒体网络技术被广泛运用在汉语言教学中。这样教学过程由"静"向"静动结合转变",营造了一种全新的教学环境。但是,学校教学网站的课件更新速度非常慢,难以发挥其应有的功能和价值,影响了学生的应用体验和效果。另外,受教师能力结构的影响,在具体的教学过程中应用网络多媒体的水平有限,在汉语言文学教学过程中还难以实现网络技术的普遍合理使用。

（二）教师获得汉语言文学的教学资源，扩展到多媒体

为了体现自身优秀的教学思想,教师需要多方面收集网络上本专业精品教学课件,并且通过网络反馈机制了解学生在学习中遇到的问题,同时精准把握国家和社会对汉语言文学专业人才的需求动向。学生可以在网上选择更多高质量的教学课件来学习,进而丰富自己的知识视野,促进学生良好自主学习意识。由于网络的虚拟性,师生可以直接交流思想,使学生有更多的机会表达自己的观点,没有任何心理负担,缓解了师生直面的心理压力,使课堂教学和育人功能得到了有效延伸。

（三）数字时代汉语言文学教学模式不断创新

数字时代,设计得当的教学课件,通过图、文、声等多媒体技术的应用,不但使教师和学生实现了共鸣,而且达到文学作品价值观和读者彼此心灵的神交。教师可以通过网络多媒体互动平台与学生进行课程信息交流,分享各自的学习体会,实现课上教学与课下学习的有效配合,使课堂教学实现了全天候呈现,及时掌握学生学习之外的思想行为变化,并了解他们在生活中的感悟,给予更加全面实时的交流互动。

第三节　数字技术在汉语言文学教育中的应用

一、在线学习平台与教学资源的开发和应用

数字技术在汉语言文学教育中的应用首先体现在在线学习平台和教学资源的开发与应用上。随着互联网的普及和信息技术的发展,许多高校和教育机构建立了在线学习平台,为学生提供了更加灵活和便捷的学习途径。

（一）在线学习平台的建设与运用

在线学习平台的建设与运用是数字技术在汉语言文学教育中的重要应用之一。通过建设专门的在线学习平台，可以为汉语言文学专业的学生提供更为便捷和灵活的学习方式，提升教学效果和学习体验。

在建设在线学习平台时，需要考虑以下几个方面：

1. 平台功能设计的多样性

在线学习平台的设计需要考虑到汉语言文学专业学生的学习需求和教学特点。除了基本的课程内容展示和教学资源下载功能外，还可以增加在线讨论区、实时互动课堂、个性化学习推荐等功能。通过这些功能的设计，可以为学生提供多样化的学习体验和服务，满足不同学生的学习需求。

2. 课程内容的多元化呈现

在线学习平台应当提供丰富多样的课程内容呈现方式，包括视频课程、教学文档、课件资料等。这样学生可以根据自己的学习习惯和需求选择适合自己的学习方式，提高学习效果和兴趣。同时，教学资源的丰富性也能够覆盖课程的各个知识点和学习内容，帮助学生更好地理解和掌握课程内容。

3. 学习指导与辅导的个性化支持

在线学习平台可以设立个性化的学习指导和辅导功能，为学生提供个性化的学习支持和服务。通过学习路线图和学习计划的制定，学生可以合理安排学习时间，掌握学习进度。同时，平台还可以提供学习方法和技巧的指导，帮助学生提高学习效率和质量。这样的个性化支持能够更好地满足学生的学习需求，提升他们的学习体验和成绩水平。

（二）教学资源的数字化开发

教学资源的数字化开发是在线学习平台的重要组成部分。通过数字技术，教师可以开发丰富多样的教学资源，为学生提供个性化、定制化的学习内容和学习体验。

1. 电子课件制作

在教学资源的数字化开发中，电子课件是一种常见且有效的形式。通过多媒体技术，教师可以将课程内容以图文、音频、视频等形式呈现在电子课件中。这样的电子课件能够直观生动地展示知识点，帮助学生更好地理解和记忆。例如，教师可以通过图文并茂的方式解释文学作品的背景和内涵，通过音频和视频呈现诗歌朗诵和戏剧表演，从而激发学生的学习兴趣，提高课堂效果。

2. 网络教材设计

制作网络教材是数字化教学资源开发的关键环节之一。教师可以将课程资料、阅读材料、案例分析等内容进行整理和编排，制作成在线可访问的网络教材。这些网络教材可以根据课程结构和学习目标进行组织，便于学生系统学习和查阅。教师还可以根据学生的学习进度和需求，不断更新和完善网络教材，保持其及时性和有效性。

3. 数字化阅读资料

数字化阅读资料是丰富学生学习资源的重要组成部分。教师可以收集整理各类数字化阅读资料，包括电子书籍、学术论文、文学作品等，供学生在线阅读和学习。这些数字化阅读资料不仅可以帮助学生扩展知识面和阅读能力，还可以培养其独立学习和自主思考的能力。通过提供丰富多样的数字化阅读资料，教师可以激发学生的学习兴趣，拓宽他们的知识视野，提高其学习效果和成绩水平。

（三）网络教学环境的优化

优化网络教学环境是保障在线学习平台顺利运行和提升教学效果的关键。通过数字技术，可以对网络教学环境进行优化，提高教学效率和学习体验。

1. 视频直播技术的应用

利用视频直播技术进行远程教学是优化网络教学环境的重要手段之一。教师可以通过视频直播平台实时进行课堂授课，学生可以在任何时间、任何地点通过网络观看直播课程。这种方式不仅能够解决传统面对面教学的时间和空间限制，还能够实现师生之间的实时互动和交流。教师可以在直播过程中提出问题，学生可以通过聊天室或在线讨论区进行回答和讨论，从而增强学生的参与度和学习效果。

2. 互动教学平台的建设

建设互动教学平台是优化网络教学环境的重要举措之一。通过互动教学平台，学生可以参与各种在线活动，如在线测试、问答环节、小组讨论等。教师可以根据课程需求设置不同的互动环节，以激发学生的学习兴趣和积极性。互动教学平台还可以为学生提供在线资源和学习指导，帮助他们更好地理解和应用课程内容，提高学习效果和成绩水平。

3. 数据分析技术的运用

利用数据分析技术对学生学习情况进行跟踪和评估是优化网络教学环境的重要手段之一。通过收集和分析学生的学习数据，教师可以了解学生的学习进度和学习情况，及时发现学习中的问题和困难。教师可以根据学生的学习数据进行个性化辅导和指导，针对性地提供学习建议和帮助，从而提高教学效果和学习成效。同时，教师还可以通过数据分析技术对教学过程进行评估和改进，优化课程设置和教学方法，提升教学质量和效果。

二、教学内容与形式的数字化创新与实践

数字技术在汉语言文学教育中的另一个重要应用领域是教学内容与形式的数字化创新与实践。通过数字技术，可以创造更加丰富多样的教学内容和形式，激发学生的学习兴趣和积极性。

（一）数字化教学内容的创新

数字技术为汉语言文学教育带来了全新的教学内容创新机遇。

1. 多媒体技术的应用

多媒体技术为数字化教学内容的创新提供了丰富的可能性。教师可以利用多媒体技术，如幻灯片制作软件、视频编辑工具等，制作生动、直观的课件。通过图像、音频、视频等形式，教师可以呈现汉语言文学领域的重要概念、文学作品和历史背景。例如，通过图像展示文学作品中的重要场景或人物形象，通过音频播放作品的原声朗诵或音乐配乐，通过视频展示历史文化背景或文学作品的改编影视作品片段等。这种形式的教学内容更具视觉冲击力和感染力，能够吸引学生的注意力，提高他们的学习兴趣和理解能力。

2. 虚拟实验室与仿真实验

虚拟实验室和仿真实验技术为汉语言文学教育带来了新的实践性教学方式。通过虚拟实验室，学生可以在虚拟环境中进行文学作品的分析和解读，探索不同的文学理论和批评方法。仿真实验则可以模拟真实的文学研究场景或文学创作过程，让学生在模拟情境中进行实践性学习，提高他们的文学分析和创作能力。例如，学生可以在虚拟实验室中参与文学作品的角色扮演或情节重构，通过实际操作来理解作品的内涵和艺术特点；同时，通过仿真实验，学生可以模拟文学评论家或作家的角色，进行文学批评或创作实践，体验文学研究和创作的过程。

3. 数字化阅读资源

数字化阅读资源为学生提供了更广泛、更便捷的阅读选择和学习材料。教师可以整合各种数字化阅读资源，包括电子书籍、学术论文、文学作品等，为学生提供丰富多样的阅读体验。这些数字化阅读资源可以随时随地进行访问和阅读，

不受时间和空间的限制，极大地方便了学生的学习。同时，数字化阅读资源也为学生提供了更多的选择和可能性，他们可以根据自己的兴趣和需求选择适合的阅读材料，拓宽自己的知识视野和文学鉴赏能力。例如，学生可以通过电子书籍平台访问经典文学作品，通过学术论文数据库查阅最新的文学研究成果，通过文学网站或在线文库获取作家的作品集或文学评论等。

（二）数字化教学形式的实践探索

数字技术的发展为汉语言文学教育提供了更加多样化和灵活的教学形式。

1. 协作式学习与项目式学习

在数字化教学形式的实践探索中，协作式学习和项目式学习等方法成为教学的重要方式之一。教师可以将学生分成小组，让他们共同完成文学研究项目或创作文学作品。通过小组合作，学生可以互相交流、讨论、协作，共同解决问题，提高他们的团队合作能力和实践能力。例如，在一个汉语现代文学课程中，教师可以安排学生分成小组，针对某一文学作品展开研究，每个小组负责不同的方面，如文学背景分析、作品主题研究、文学批评观点等，最终将研究成果进行汇总和展示。

2. 虚拟实境技术的应用

虚拟实境技术为汉语言文学教育带来了更加沉浸式和体验式的学习方式。通过虚拟实境技术，学生可以身临其境地体验文学作品的情节和场景，加深对文学作品的理解和感知。例如，教师可以利用虚拟实境技术，将文学作品中的场景和人物呈现在学生面前，让他们仿佛置身于作品的情境之中。通过虚拟实境，学生可以更加直观地感受作品的氛围和情感，增强对文学作品的体验和理解。

3. 社交化学习平台与在线学习社区

社交化学习平台和在线学习社区为学生提供了一个交流互动的平台，促进学生之间的合作与分享。学生可以在平台上互相交流学习心得、分享学习资源，共同探讨文学作品的意义和价值，拓宽彼此的学术视野。例如，教师可以建立一个在线学习社区，让学生在这个平台上发布自己的学习笔记、阅读感想、文学作品分析等内容，与其他同学进行互动和讨论。通过这样的交流互动，学生可以相互启发、促进共同进步，形成学习共同体，提高学习的效果和乐趣。

（三）信息技术与创意教学的融合

信息技术与创意教学的融合为汉语言文学教育带来了全新的教学模式和方法。以下是几种常见的信息技术与创意教学融合的实践方式：

1. 在线写作比赛与文学创作工作坊

教师可以通过组织在线写作比赛和文学创作工作坊来促进学生的文学创作能力和审美素养。在线写作比赛可以激发学生的创造力和创新思维，让他们在竞争中不断提升自己的文学水平。同时，文学创作工作坊提供了一个实践和指导的平台，教师可以在其中指导学生如何进行文学创作、如何表达自己的观点和情感，从而培养他们的文学创作潜力。通过比赛评选和工作坊指导，学生可以获得专业性的反馈和建议，进一步提升其文学创作能力。

2. 数字化创意作品展示

学生可以利用数字技术创作各种形式的文学作品，并通过在线平台进行展示和分享。例如，他们可以制作数字化诗歌、动画故事、音频剧本等形式的创意作品，并将其发布到在线平台上供他人欣赏和评论。这种形式的创意作品展示不仅可以展示学生的创作成果，还可以激发其他学生的学习兴趣和创造力。同时，学生可以从其他人的作品中获得灵感和启发，促进彼此的共同进步和成长。

3. 虚拟现实与增强现实技术结合的文学体验

教师可以利用虚拟现实和增强现实技术为学生提供沉浸式的文学体验。通过虚拟现实设备，学生可以进入文学作品所描述的世界，与其中的角色互动，感受故事的情感和张力。增强现实技术则可以将文学作品的场景和情节融入现实环境中，让学生身临其境地体验文学作品的情境和氛围。这种形式的文学体验不仅可以提高学生的阅读兴趣，还可以深化他们对文学作品的理解和感受，激发他们对文学创作的兴趣和热情。

第二章　数字时代汉语言文学课程设计

第一节　课程设计的基本原则

一、根据学科特点和学生需求进行课程设计

在数字时代，汉语言文学课程设计需要以学科特点和学生需求为基础进行规划。这一原则的重点在于如何充分考虑到汉语言文学的综合性和交叉性，以及学生在认知、兴趣和学习水平方面的差异。

（一）深入挖掘学科特点

汉语言文学作为一门综合性的学科，蕴含着丰富的语言、文学和文化内涵。在课程设计中，深入挖掘学科特点是确保教学内容全面、多样的关键。

1. 综合性的学科内涵

汉语言文学不仅仅是对文学作品的研究，还涉及语言的使用和演变、文学与文化的关系等多方面内容。因此，在课程设计中，应该充分体现这种综合性，不仅注重文学作品的阅读和解析，还要关注语言运用的实践性和文化内涵的理解。

2. 多领域的相互关联

汉语言文学与历史、哲学、社会学等学科之间存在着密切的关系。文学作品的创作与时代背景、社会环境、人文精神等密切相关。因此，在课程设计中，应该突出这些领域之间的相互关联和互动，帮助学生深入理解文学作品背后的丰富内涵。

3. 文学作品的综合解读

汉语言文学课程设计应该注重对文学作品的综合解读。除了对文学作品的文

字分析和解析外，还应该引导学生从多个维度去理解作品，包括时代背景、作者生平、文化内涵等方面，使学生能够全面把握作品的意义和价值。

（二）考虑学生的需求

学生的年级、学习水平、认知能力和兴趣特点对课程设计具有重要影响。因此，课程设计需要根据不同学生群体的需求，灵活设计教学内容和教学方法。

1.年级和学习水平的差异

高年级的学生可能已经具备了一定的文学鉴赏能力和分析能力，可以进行更深入的文学研究和创作实践。而低年级的学生可能更需要注重基础知识的系统学习和文学欣赏能力的培养。因此，在课程设计中，应该根据学生的年级和学习水平，有针对性地设置教学内容和教学目标。

2.认知能力和兴趣特点的考虑

学生的认知能力和兴趣特点也会影响他们对课程的接受程度和学习效果。一些学生可能对特定类型的文学作品或文学流派更感兴趣，而另一些学生可能更偏爱文学创作和实践性活动。因此，在课程设计中，应该根据学生的认知能力和兴趣特点，设计出符合他们需求的教学内容和教学活动。

3.学习需求的个性化设置

针对学生的个性化学习需求，可以采取差异化教学策略，如分层教学、个性化辅导等，帮助学生更好地掌握课程内容，提高学习效果和学习满意度。

二、注重跨学科融合和实践性教学

汉语言文学课程设计应当注重跨学科融合和实践性教学。这一原则的核心在于如何将汉语言文学与其他学科和实践活动相结合，提高教学效果和学习体验。

（一）跨学科融合

汉语言文学与历史、哲学、社会学等学科之间有着密切的联系，这种跨学科融合能够丰富教学内容，拓宽学生的知识视野。

1.结合历史与文学

文学作品往往反映了特定历史时期的社会背景和文化风貌。通过将文学作品与历史背景相结合，可以帮助学生更深入地理解作品的内涵和意义。例如，结合古代诗词与当时的历史事件、社会风貌，进行文学史的学习和探索。

2.哲学与文学的互动

文学作品中常常涉及哲学思想和人生观念。通过分析文学作品中的哲学内涵，可以引导学生思考生命的意义和人生的价值。例如，通过阅读《红楼梦》等经典作品，探讨其中的道德观念和人生哲理。

3. 社会学视角下的文学解读

文学作品反映了社会生活的方方面面，可以从社会学的视角去解读文学作品中的人物、情节和主题。通过社会学的分析方法，可以帮助学生更好地理解作品中所呈现的社会现实和人性面貌。

（二）实践性教学

实践性教学活动是提高学生学习兴趣和培养实际能力的有效途径。通过将理论知识与实际操作相结合，可以加深学生对汉语言文学的理解和应用。

1. 写作比赛与创意作品展示

组织写作比赛和创意作品展示活动，可以激发学生的文学创作热情，提高其写作能力和创造力。学生可以通过参与比赛和展示，展现自己的文学才华，与他人交流分享。

2. 实地考察与文学体验

安排实地考察活动，带领学生走进文学作品所描述的地域，亲身感受作品中的情感和氛围。这种亲身体验能够使学生更加深入地理解作品，并激发其对文学的热爱与兴趣。

3. 文学社团与活动策划

成立文学社团，组织各类文学活动，如读书分享会、文学沙龙等。通过参与社团活动，学生可以与志同道合的同学交流学习，共同探讨文学作品的内涵和价值。

第二节　教学目标的制定

一、针对不同课程内容的设定

（一）对文学经典作品的解读课程

1. 深入理解作品内容和意义

第一，深入理解作品的内涵需要学生具备对文学作品的细致解读能力。这不仅包括对情节发展、人物关系等表面现象的分析，更需要学生通过对作品语言的精练、结构的安排、意象的运用等方面进行深入剖析，揭示作品所蕴含的丰富内涵。例如，在解读《红楼梦》时，学生不仅要理解其中的家族沉浮、爱情纠葛等情节，还需注意到其中反映的封建社会道德观念、女性地位等深层次问题，以及对人生、命运等普遍主题的探讨。

第二，深入理解作品的意义需要学生具备跨学科的思维能力。文学作品往往与历史、哲学、社会学等多个学科领域相互关联，因此，学生需要通过跨学科的视角来审视作品，理解其在更广阔背景下的意义和价值。例如，在解读《论语》中的经典典故时，学生可以通过历史资料了解当时的社会背景和思想文化，通过哲学思考探究其中蕴含的人生智慧和道德观念，从而更深刻地理解其对后世影响的重要性。

第三，深入理解作品的意义还需要学生具备开放的文化视野和批判的思维态度。他们应当能够超越时间和空间的限制，将作品置于更广泛的文化语境中进行解读，思考其对不同时代和地域的意义和启示。同时，学生需要保持批判性的思维，不仅欣赏作品的美学价值，更要审视其中可能存在的社会偏见、文化误解等问题，从而形成更全面、更深入的理解。

2. 认知文学史和文化传统

第一，学生需要了解作品所处的历史背景。文学作品往往受到所处时代政治、经济、社会等方面的影响，因此，了解作品创作时的历史背景可以帮助学生更好地理解作品的主题、情节以及人物形象。例如，通过了解《红楼梦》创作时的清代社会背景，学生可以更好地理解作品中描绘的封建家族生活、官场风云等情节，以及作品对封建道德、女性地位等问题的反思和探讨。

第二，学生需要认识文学作品所承载的文化传统。文学作品不仅是个体创作的产物，更是整个文化传统的体现和延续。因此，了解作品所处的文化传统可以帮助学生把握作品的文化内涵和思想渊源，理解其中所蕴含的价值观念和审美理念。例如，通过对《西游记》所处的儒释道文化传统的了解，学生可以更深入地理解其中的人物形象塑造、情节设计以及价值取向，从而更好地体会到作品的文化底蕴和智慧内涵。

第三，学生还应当关注作品的作者生平和时代背景。了解作者的生平经历和所处时代的社会背景可以帮助学生更好地理解作品的创作动机、思想倾向以及艺术特色。通过了解作者的生平和时代背景，学生可以更加全面地把握作品的意义和价值，以及作品所蕴含的时代精神和文化情感。例如，通过了解鲁迅的生平和他所处的动荡时代背景，学生可以更深入地理解他作品中所反映的社会现实和人性悲剧，从而更深刻地体会到鲁迅作品的思想内涵和艺术价值。

（二）针对文学创作实践课程

1. 培养创意能力和表达能力

在当今社会，文学创作不仅仅局限于纸上文字，还涵盖了各种数字媒体和创意形式，因此，培养学生的创意能力和表达能力不仅能够促进他们的文学素养和审美情感的提升，还能够激发他们的创新精神和实践能力，为其未来的学习和职业发展打下坚实基础。

第一，培养学生的创意能力意味着要激发他们的想象力和创造力。在汉语言文学课程中，教师可以通过启发性的教学方法和丰富多彩的教学内容，引导学生跳出传统的文学框架，勇于尝试新的文学表达方式和创意形式。例如，可以组织文学创作工作坊、举办创意作品比赛等活动，鼓励学生积极参与文学创作，释放他们的创造力和想象力。

第二，培养学生的表达能力意味着要提高他们的语言运用和表达技巧。在数字时代，语言已经不再局限于纸面文字，而是与各种数字媒体相结合，表达形式更加多样化和丰富。因此，教学应该注重学生的语言实践能力和表达技巧的培养，让他们能够灵活运用语言工具，表达自己的想法和情感。例如，可以组织口头表达比赛、写作实践课程等活动，让学生通过实践提高自己的表达能力和语言运用能力。

第三，还应该注重培养学生的文学思维和批判性思维。文学创作不仅仅是简单的想象和表达，更是对人生、社会、文化等方面的思考和反思。因此，教学应该引导学生培养文学思维，善于从文学作品中发现问题、提出观点，并能够进行批判性分析和评价。例如，可以组织文学讨论课、文学研究小组等活动，让学生通过讨论和交流，拓宽自己的文学视野，提升文学思维和批判性思维能力。

2. 掌握文学创作规律和技巧

学生通过学习和掌握文学创作的基本规律和技巧，不仅能够提高他们的文学素养和创作水平，还能够培养他们的批判性思维和创新能力，从而更好地适应数字时代的文学创作需求。首先，了解叙事结构是文学创作的基础之一。叙事结构是文学作品的骨架，决定了作品的整体架构和情节发展。学生需要学会分析和理解不同叙事结构的特点，如线性叙事、非线性叙事等，从而能够灵活运用叙事结构，构建具有张力和节奏感的文学作品。其次，人物塑造是文学创作中至关重要的一环。人物是文学作品的灵魂，他们的形象塑造直接影响着作品的深度和魅力。学生需要学会通过细致的观察和生动的描写，塑造具有鲜明个性和生动形象的人物角色，使其在作品中栩栩如生，引起读者的共鸣和共鸣。此外，语言运用是文学创作中不可或缺的一部分。语言是作品的表现载体，能否准确、生动地表达作者的思想和情感，直接影响着作品的质量和效果。学生需要学会运用恰到好处的语言表达方式，包括修辞手法、语言风格、语言节奏等，使作品更具有感染力和表现力。

除了以上几点，还需要学生掌握文学创作的其他一些基本规律和技巧，如情节设置、氛围营造、角色关系处理等。通过系统地学习和实践，学生能够逐步掌握这些文学创作的规律和技巧，从而能够写出高质量、富有创意的文学作品。为了达到这一教学目标，教师可以采用多种教学方法和手段。例如，可以通过分析经典文学作品，让学生深入理解文学创作的规律和技巧；可以组织创作实践课程，让学生通过实际创作，提高他们的写作能力和创造力；可以组织写作讨论和互评活动，促进学生之间的交流和分享，共同进步。

二、考虑学生的学习水平

（一）针对高年级学生

1.深入分析文学作品内涵和结构：

高年级学生应该能够在分析文学作品时展现更深层次的理解和洞察力。为实现这一目标，教学可以聚焦于以下几个方面的拓展：

（1）哲理解读

在教学中，引导学生深入挖掘文学作品所蕴含的哲理和人生智慧，是培养学生综合素养和批判思维能力的重要途径之一。通过对作品中所体现的道德观念、人生哲学和价值取向的探讨，可以帮助学生从多个角度去解读作品的深层含义，领悟其中所蕴含的深刻意义。

文学作品往往承载着作者对人生、社会、人性等方面的思考和感悟，其中蕴含着丰富的哲理和人生智慧。通过深入解读作品，学生可以从中领悟到作者对人生的理解和感悟，从而启迪自己的思想，提升自己的人生境界。例如，在文学作品中常常体现出对人性的探讨，通过分析作品中人物的行为和言谈举止，可以揭示出作者对人性本质的理解和观察，引导学生反思人性的复杂性和多样性。文学作品还承载着丰富的道德观念和价值取向，通过对作品中所体现的道德冲突和价值观念的分析，可以引导学生思考道德和价值观念的内涵和意义。例如，在文学作品中常常反映出对善恶、正义与邪恶、责任与担当等方面的思考，通过分析作品中人物的行为和选择，可以引导学生思考人生的价值取向和道德准则。

此外，教师还可以通过引导学生对作品中的人生哲学进行探讨，帮助他们领悟作品所传达的人生智慧。文学作品往往通过对人生的思考和感悟，揭示出人生的真谛和智慧，通过深入解读作品，可以引导学生从中汲取人生的智慧和启示，指导他们更加深刻地理解和把握人生的意义和价值。

（2）情感分析

学生应该具备敏锐捕捉作品情感和情绪的能力，并能够深入分析这些情感对作品整体的影响。通过对人物情感变化、情感冲突以及情感表达方式的分析，学生可以更加深入地理解作品的情感内涵和情感共鸣。

首先，学生应当能够敏感地捕捉到文学作品中所蕴含的各种情感。文学作品往往通过人物的言行、情节的发展等方式表达出丰富多彩的情感，如欢乐、悲伤、愤怒、恐惧等。学生需要通过细致的阅读和分析，发现作品中情感的细微变化和丰富层次，以便更好地理解作品的情感内涵。其次，学生还应当能够分析这些情感对作品整体的影响。不同的情感会给作品带来不同的氛围和情绪，影响读者的阅读体验和感受。学生需要通过分析情感的表达方式、情感的转变和冲突等，深入探讨情感与情节、人物塑造等要素之间的关系，从而更好地把握作品的情感主题和情感氛围。最后，学生应当能够从作品中感受到情感的共鸣，并能够表达自己对情感的理解和感受。文学作品往往能够触动读者的内心深处，唤起共鸣和共情。学生需要通过分析作品中的情感，结合自身的生活经验和感受，深入思考并表达自己对作品情感的理解和感受，从而更深刻地体验和欣赏文学作品的情感魅力。

（3）文学手法探究

在文学手法的探究中，学生应该能够分析作品中所运用的各种修辞手法，比如排比、对比、夸张等，以及作者所运用的比喻、象征和意象等艺术手法。

第一，学生应该能够辨析文学作品中的修辞手法。修辞手法是作者运用语言时的一种艺术处理，可以通过运用各种修辞手法，使作品的语言更加生动、形象，增强作品的艺术感染力。学生需要能够识别和理解作品中常见的修辞手法，分析作者运用这些修辞手法的目的和效果，从而更好地理解作品的语言美学和艺术特色。

第二，学生还应该能够解读作品中的比喻、象征和意象等艺术手法。比喻是一种常见的修辞手法，通过对两个不同事物之间的相似性进行比较，来表达作者的情感和思想。而象征则是通过具体事物代表抽象概念，来传达作者的思想和意义。意象则是通过对事物形象的描绘和运用，来唤起读者的感官和情感体验。学生需要能够分析作品中的比喻、象征和意象等艺术手法的运用，理解其隐含的意义和象征意义，从而更深刻地理解作品的主题和内涵。

第三，学生还应该能够分析作者的叙事技巧和语言运用。叙事技巧是作者在叙述故事过程中所采用的一系列手法和技巧，包括叙述视角、叙述结构、叙述节奏等方面的处理。语言运用则是作者在作品中所运用的语言风格和表现手法，包括语言的选择、运用和组织等方面。学生需要能够分析作者的叙事技巧和语言运用，理解其在作品中的作用和效果，从而更好地把握作品的整体结构和艺术特色。

2. 探讨与时代背景的关系

对于高年级学生而言，理解文学作品与其所处时代背景的关系至关重要。教学可以通过以下方面的拓展来达成这一目标：

（1）历史文化解读

学生应该具备分析作品所反映的历史事件、社会现象以及文化传统的能力，从而更全面地理解作品的时代特征和文化内涵。首先，了解作品所反映的历史事件和社会现象是理解文学作品的重要前提之一。文学作品往往会通过叙事、人物塑造等手法反映当时的历史背景和社会环境，揭示出特定时代的社会现实和人们的生活状态。学生需要通过研究历史文献和相关资料，了解作品所处时代的政治、经济、文化等方面的背景信息，从而更好地把握作品的社会语境和历史内涵。其次，认识作品所承载的文化传统和价值观念也是文学解读的重要内容之一。文学作品往往会反映出作者所处文化环境的特点和价值取向，展现出特定文化传统的魅力和影响力。学生需要通过学习相关的文化史和文学理论，了解作品中所体现的文化内涵和传统观念，分析其中所蕴含的人文精神和情感共鸣，从而更深入地理解作品的文化意义和价值。

（2）社会政治探讨

首先，文学作品往往是作者对当时社会现实和政治环境的感受和思考的产物。作品中的情节、人物以及主题往往与当时的社会状况和政治氛围密切相关，反映了作者对社会、政治问题的态度和看法。学生需要通过分析作品中的情节、人物以及隐喻等元素，把握作品与其所处时代社会政治背景的联系，从而理解作品所蕴含的社会意义和政治内涵。其次，文学作品也是对当时社会问题和政治议题的一种探讨和反思。通过分析作品中所呈现的社会现象和人物命运，学生可以了解当时的社会矛盾、政治斗争以及人文精神等方面的情况，进而认识到作品所反映的社会问题和政治现实。这有助于学生从文学作品中汲取历史教训，加深对社会政治发展规律的认识，培养其对社会现实的敏感性和批判思维能力。

（3）当代意义思考

教师在引导学生分析文学作品时，应着重引导他们思考作品中所蕴含的普世价值和当代意义，以激发他们对社会问题和人类命运的思考和关注。

文学作品作为艺术的表达形式，往往不仅仅是对历史事件和社会现象的记录和再现，更是对人类生活和人性的思考和探索。通过深入分析作品中的情节、人物以及主题等元素，学生可以发现作品所蕴含的普世价值，如爱、勇气、友情、家庭等，这些价值观念在当今社会依然具有重要意义。同时，学生还可以从作品中感受到对当代社会问题的关注和批判，如环境污染、社会不公、人性扭曲等，这些问题也正是当今社会面临的挑战。

通过将文学作品与当代社会现实相联系，学生可以更深刻地理解作品的内涵和意义，并从中汲取启示和教益。例如，通过分析作品中的人物命运和抉择，学生可以思考自己的人生选择和价值取向；通过反思作品中所探讨的社会问题，学生可以加深对社会现实的认识和关注，激发对社会变革和进步的愿望和行动。

（二）针对低年级学生

1. 理解作品的基本情节和主题

（1）基本情节理解

学生在学习文学作品时，应该能够理解作品的基本情节，包括故事的起承转合、事件的发展和结局等。这一能力对于学生理解作品的整体内容和意义具有重要意义。教师在教学中可以通过简单明了的讲解和情节分析，帮助学生建立起对文学作品情节的基本把握。

文学作品的情节是作品中事件和情节发展的逻辑线索，是推动故事发展的核心。教师可以通过解读作品中的关键情节和事件，向学生介绍故事的基本情节框架，包括故事的开端、冲突、高潮、转折和结局等部分。通过简单明了的讲解，学生可以对故事的整体框架有一个清晰的认识，从而更好地理解和欣赏作品的内容。

除了教师的讲解外，教学中还可以通过阅读指导、课堂讨论等形式，引导学生分析作品的情节发展，帮助他们理解事件之间的因果关系和故事情节的逻辑线索。通过对关键情节的深入讨论和分析，学生可以逐步建立起对作品情节的全面把握，提升其文学理解和分析能力。

（2）主题感知

教师在引导学生理解作品主题时，可以通过多种方式帮助他们从作品中汲取智慧和启示，以培养其对文学作品的感知和理解能力。

文学作品的主题是作品所要传达的核心思想、主旨和情感，是作品的灵魂所在。教师可以通过深入解读作品中的情节、人物形象、对话等元素，引导学生发现并理解作品所呈现的主题。例如，通过分析主要人物的行为和心理变化，学生可以感知到作品中所探讨的人性、情感、道德等主题；通过解读作品中的隐喻、象征等手法，学生可以理解作品所表达的思想和意义。通过这样的方式，学生可以初步领悟到作品所传达的主题，并从中汲取智慧和启示。

教师还可以通过课堂讨论、小组活动等形式，引导学生分享自己对作品主题的理解和感悟，促进他们之间的交流和思想碰撞。在这个过程中，学生可以从不同角度去感知和理解作品的主题，从而丰富自己的思想和认知。

通过初步感知文学作品的主题，学生可以培养对文学作品的敏感性和理解能力，提升其文学素养和审美水平。同时，这也有助于学生发展批判性思维和创造性思维，培养其独立思考和分析问题的能力。因此，教师在教学中应重视引导学生感知文学作品的主题，从而促进他们全面发展和个性成长。

2. 初步感知作品的文学魅力：

（1）激发兴趣和热爱

教师在教学中应该注重通过生动有趣的方式和多样化的课堂活动来激发学生对文学作品的兴趣和热爱。文学作品蕴含着丰富的情感和智慧，而激发学生的兴趣和热爱是促使他们深入理解和欣赏文学的关键。

一种有效的方法是通过多种艺术表现形式，如音乐、绘画、戏剧等，将文学作品的情节、人物和场景呈现给学生。通过音乐的节奏、绘画的色彩、戏剧的表演，可以让学生更加直观地感受到文学作品所描述的场景和情感。例如，可以组织学生进行文学作品改编的戏剧表演，让他们通过表演身临其境地感受作品的情节和人物形象，从而激发他们的情感共鸣和阅读兴趣。教师还可以通过文字游戏、情景模拟等趣味性的课堂活动，营造轻松活泼的学习氛围，让学生在愉悦的氛围中体验文学的魅力。例如，可以组织文学作品朗诵比赛、角色扮演游戏等活动，让学生积极参与其中，从而增强其对文学作品的兴趣和热爱。

此外，教师还可以引导学生参与文学作品的创作和解读，让他们成为文学创作的参与者和解读者。通过鼓励学生进行文学作品的写作、评论和分享，可以促进他们对文学作品的理解和欣赏，培养其独立思考和创造性表达能力。

（2）培养审美情感

通过让学生初步感知文学作品所蕴含的情感和情感表达方式，教师可以帮助他们培养审美情感和文学欣赏能力，从而提升其对文学作品的理解和欣赏水平。

一种有效的方法是通过诵读和朗诵等形式，让学生深入感受作品的语言之美和情感之深。通过反复诵读文学经典作品的精彩段落或整篇文章，学生可以体验到作品的语言韵律、节奏和声调，从而感受到其中蕴含的情感和情感表达方式。在朗诵活动中，学生可以通过表演的形式将作品中的情感表达出来，加深对作品情感内涵的理解和体验。

教师还可以通过文学作品的解读和分析，引导学生深入探究作品中所蕴含的情感，以及作者通过何种方式表达这些情感。通过分析作品中人物的情感变化、情感冲突以及情感表达方式，学生可以更加深入地理解作品的情感内涵和情感共鸣。例如，可以针对作品中的关键情节和人物形象展开讨论，引导学生探究其中所蕴含的情感和情感表达方式，从而培养其对文学作品的审美情感。

此外，教师还可以通过多媒体技术和艺术形式，如音乐、绘画等，辅助学生理解作品中的情感和情感表达方式。通过与音乐、绘画等艺术形式的结合，可以让学生从不同的角度去感知作品所传达的情感，增强其对文学作品的审美体验和欣赏能力。

第三节　数字化教学资源的整合

一、利用数字化资源丰富课堂教学内容

在数字时代，教师可以充分利用各种数字化资源来丰富课堂教学内容，提升教学效果和学习体验。

（一）在线图书馆和数字化文献数据库

数字时代为教师提供了前所未有的便利，他们可以利用在线图书馆和数字化文献数据库来获取丰富的文学资源。这些资源不仅包括文学经典作品，还包括学术论文、研究报告、历史文献等。通过这些资源，教师可以：

1.丰富课堂教学内容

在线图书馆和数字化文献数据库中收录了大量的文学经典作品，教师可以根据课程内容选择合适的作品进行讲解和分析。这些作品的数字化版本可以帮助学生更轻松地获取和阅读，拓宽他们的文学视野。

2.支持学生研究和阅读

学生可以通过访问在线图书馆和数字化文献数据库，自主选择感兴趣的文学作品进行阅读和研究。这些资源为学生提供了更多的选择和机会，帮助他们深入了解文学作品的内涵和意义。

3.提升学术研究能力

对于高年级学生或有志于学术研究的学生来说，数字化文献数据库是一个宝贵的资源。他们可以利用这些数据库查找相关的学术论文和研究报告，深入探讨文学作品的主题、风格和影响。

（二）多媒体技术制作教学辅助工具

多媒体技术为教学提供了丰富的呈现方式，教师可以利用这些技术制作各种形式的教学辅助工具，以增强课堂教学的效果和趣味性。以下是一些可行的方法：

1.制作精美的课件和PPT

教师可以利用多媒体软件，制作精美的课件和PPT。通过图像、音频、视频等多种形式的呈现，可以吸引学生的注意力，激发他们的学习兴趣。

2.创作数字化教学视频

教师还可以利用数字化技术制作教学视频，将课堂内容以生动形象的方式呈现给学生。这种形式的教学视频可以随时随地观看，方便学生复习和巩固所学知识。

3.设计互动式学习活动

教师可以设计各种形式的互动式学习活动，如在线游戏、虚拟实验等，让学生在参与中学习、在探索中成长。这些活动不仅可以增加课堂的趣味性，还可以提升学生的学习效果和体验。

（三）在线资源平台和学习应用

借助在线资源平台和学习应用，教师可以为学生提供更加便捷和个性化的学习体验，以下是一些可行的途径和方法：

1.利用在线课程平台

教师可以将课程内容和教学资源上传到在线课程平台，为学生提供统一的学习入口。学生可以在平台上获取课程大纲、课件、作业等相关资料，实现课堂教学和课后复习的无缝衔接。

2. 使用电子图书平台

电子图书平台为学生提供了大量的电子书籍资源，学生可以根据自己的学习需求和兴趣，在平台上选择合适的文学作品进行阅读。这些电子书籍不仅可以随时随地访问，还可以通过搜索功能快速定位所需内容，方便学生进行学习和研究。

二、推动教学资源共享与合作

在数字时代，教学资源的共享与合作变得更加便利，可以通过以下方式推动教学资源的共享与合作：

（一）与其他学校和教育机构合作

1. 跨学校合作的意义和方式

（1）合作意义

不同学校之间可能存在着资源的差异，一些学校可能拥有先进的设施、丰富的教学资料和优秀的教师团队，而另一些学校则可能面临资源匮乏或技术水平不足的困境。通过跨学校合作，各校可以共同分享优质资源，互相借鉴，从而弥补资源不足，提高整体教学水平。

这种合作方式也有利于学校发挥各自的优势和特色。每所学校都有自己的教育理念、特色课程和优秀教师。通过合作，学校可以相互学习借鉴，将各自的优势互相补充，形成合力，进一步提升整体教学水平。例如，一所学校可能擅长STEM教育，而另一所学校则在艺术教育方面有着丰富的经验。通过合作，两所学校可以开展跨学科的合作项目，将科学、技术、工程、艺术和数学融合在一起，为学生提供更加全面的教育体验。

此外，跨学校合作还可以促进教育资源的共享与交流。通过建立合作关系，学校可以共同开发教学资源、研究项目，并分享成功的经验和教学模式。这样不仅可以节约资源，还可以提高教学效率，促进教育教学的创新与发展。同时，合作也可以拓展学校的合作网络，增强学校的影响力和竞争力，为学生提供更广阔的发展平台。

（2）合作方式

学校可以通过建立合作联盟，将多个学校联合起来，共同开展各种形式的合作活动。合作联盟可以由政府主导或由学校自发组织，成员包括各类学校、教育机构以及相关教育部门。通过合作联盟，学校可以共同制定合作计划和项目，共享教育资源，提升教学水平。

除了建立合作联盟，学校之间还可以签订合作协议，明确合作内容和方式。合作协议可以包括教育资源共享、师资交流、课程合作等方面的内容，具体规定双方的权利和义务，明确合作的目标和期限。通过签订合作协议，学校可以建立稳定的合作关系，推动教育资源的共享与交流，实现资源互补和优势互补。此外，举办联合研讨会也是促进学校间合作的有效方式。学校可以联合举办各类学术研讨会、教学研讨会或专题讲座，邀请各校的教师和专家参与交流和分享经验。通过研讨会，学校可以开展教学经验交流、教育理念碰撞，促进教学改革和教育创新，从而提高教学质量和效果。

除了上述方式，学校之间还可以开展师资交流、课程合作等合作形式。通过师资交流，可以促进教师之间的专业成长和经验分享，提高教学水平。而课程合作则可以促进跨学科、跨领域的教育实践，丰富学生的学习体验，培养学生的综合素养和创新能力。

2. 跨区域合作的实践案例

（1）资源共享

通过建立资源共享平台，这些联盟可以极大地促进教学资源的流动和共享。资源共享平台是一种数字化的平台，它为各校教师提供了一个上传和下载教学资源的便捷渠道，从而实现了教学资源的互通互享。首先，资源共享平台的建立为各校教师提供了一个便捷的渠道，可以方便地获取到其他学校的优质教学资源。在传统教学模式下，教师往往受限于自身的资源和经验，难以获得外部优质资源。而有了资源共享平台，教师们可以通过在线上传和下载的方式，获取到其他学校的教学案例、教学课件、教学视频等资源，从而丰富自己的教学内容，提高教学质量。其次，资源共享平台的建立有助于促进教师之间的交流与合作。在平台上，教师们不仅可以获取资源，还可以与其他教师进行交流和互动。他们可以在平台上分享自己的教学心得、教学方法和教学经验，向其他教师学习借鉴，共同探讨教育教学的问题和挑战。通过教师之间的交流合作，可以促进教学经验的积累和共享，进一步提升教学水平。此外，资源共享平台还可以促进教育信息的共享与传播，推动教育教学改革和创新。在平台上，不仅可以分享教学资源，还可以发布教育政策、教学理论、教学方法等信息，为教育界提供一个信息共享的平台。这有助于加强教育界的交流与合作，促进教育教学改革和创新，推动教育事业的持续发展。

（2）项目合作

项目合作的一个重要形式是主题研究项目。在这种项目中，跨区域的学校可以共同选定一个特定的主题或课题，进行深入的研究和探讨。这样的合作项目可以涵盖文学作品、历史事件、社会现象等多个领域，旨在促进学校之间的学术交流和合作。通过共同的主题研究，不同学校的教师和学生可以分享彼此的研究成果和心得体会，共同探讨问题，并从中获得新的启发和认识。

另一个常见的项目合作形式是学术交流项目。学校可以举办学术交流会议、研讨会等活动，邀请来自不同学校的教师和学者参与讨论。通过这样的学术交流项目，不仅可以促进学术界的交流与合作，还可以为教师和学生提供一个学习和交流的平台。在学术交流项目中，参与者可以分享自己的研究成果、学术见解和教学经验，从而拓宽自己的学术视野，提升学术水平。

此外，项目合作还可以包括教学合作项目。在这样的项目中，不同学校的教师可以共同策划和开展教学活动，如联合举办教学研讨课、组织实地考察活动等。通过教学合作项目，教师可以相互借鉴经验，共同探讨教学方法和策略，从而提高教学水平和教学效果。同时，学生也可以通过参与这样的项目，接触到不同学校的教学资源和教学模式，拓宽自己的学习视野，提升学习能力和综合素养。

（二）利用互联网平台进行资源分享

1.教师资源分享的平台

（1）教育资源网站

教育资源网站是教师和教育工作者获取教学资源、分享经验、交流思想的重要平台之一。其中，诸如"中国教育资源网"等专门的教育资源网站，为广大教育工作者提供了一个便捷的信息发布与获取平台。这些网站提供了丰富多样的教学资源，涵盖了各个学科、各个年级的教材、课件、教学设计、教学视频等内容。其中，教师可以在该平台上传自己设计的教学资料，如课件、教案、试卷等，也可以下载其他教师分享的资源，以丰富自己的教学内容。

通过教育资源网站，教师可以获取到来自全国各地、各个学校的优质教学资源。这些资源不仅丰富了教师的教学内容，还能够提供不同地区、不同学校的教学案例和经验，让教师们在教学设计和实践中受益匪浅。同时，教育资源网站也为教育工作者提供了一个交流和分享的平台。在这里，教师们可以相互交流教学心得、分享教学方法，共同探讨教育教学中的难题和挑战，促进教学理念的交流和碰撞，推动教育教学的不断创新和发展。

除了教师，教育资源网站也对学生和家长具有一定的教育意义。学生可以通过这些网站获取到丰富的学习资料和学习工具，如课外阅读材料、学科竞赛资料等，从而拓展自己的知识面，提高学习兴趣和学习效果。家长也可以通过这些网站了解到学校和教师的教学情况，更好地与教师进行沟通和合作，促进孩子的学习发展和成长。

（2）教学博客

许多教师通过建立自己的博客，分享他们在教学实践中的所思所想、所见所闻，以及教学中的一些案例和经验。这种方式不仅可以促进教师之间的交流与合作，还可以为广大教育工作者提供一个获取优质教学资源和教学理念的平台。

首先，教学博客为教师提供了一个自由发表观点和分享经验的空间。在博客上，教师可以根据自己的教学实践和思考，撰写教学心得、教学方法和教学案例等内容，与他人进行分享和交流。这种开放式的交流平台可以促进教师之间的相互学习和提高，推动教育教学理念的交流和碰撞，为教育教学的改进和提升提供了一个重要的思想交流平台。其次，教学博客也为教师提供了一个展示自己教学成果和专业水平的平台。通过博客平台，教师可以将自己在教学实践中的一些成功案例和创新成果进行展示，分享给更广泛的受众。这不仅可以增加教师的影响力和知名度，还可以为其他教育工作者提供借鉴和参考，促进教育教学的共同进步。此外，教学博客还可以帮助教师建立个人品牌和专业形象。通过持续地更新博客内容，展示自己在教学领域的专业知识和经验，教师可以逐步树立起自己的专家形象，提升自己在教育领域的权威和影响力。这对于教师的职业发展和晋升具有积极的促进作用。

2.学生学习资源获取的途径

（1）电子图书平台

学生可以通过电子图书平台方便地获取各种与学习相关的电子书籍，其中包括教材、教辅、文学作品等。这种便捷的获取方式不仅拓展了学生的阅读渠道，还为他们提供了更加丰富多样的学习资源和学习体验。

首先，电子图书平台为学生提供了便捷的学习资源获取渠道。学生可以通过电子设备，如电脑、平板电脑、智能手机等，随时随地访问电子图书平台，浏览并下载所需的电子书籍。相比传统纸质书籍，电子书籍具有便携性强、存储空间大、检索速度快等优势，能够更好地满足学生的学习需求。其次，电子图书平台为学生提供了丰富多样的学习资源。在电子图书平台上，学生可以找到各种各样的电子书籍，涵盖了不同学科、不同层次的教材和教辅资料，以及丰富多样的文学作品。这些资源丰富了学生的阅读内容，拓展了他们的知识面，有助于提高他们的学习水平和学科素养。此外，电子图书平台还为学生提供了个性化的学习体验。学生可以根据自己的学习需求和兴趣偏好，在电子图书平台上选择适合自己的电子书籍进行阅读和学习。同时，一些电子图书平台还提供了个性化推荐功能，根据学生的阅读记录和兴趣爱好，为他们推荐相关的学习资源，提高了学习的针对性和效率。

（2）学习管理系统

学习管理系统（Learning Management System，简称LMS）在当今教育领域发挥着重要的作用，成为学校和教育机构管理和支持学生学习的关键工具之一。这些系统为学生提供了一个集中管理和获取教学资源的平台，在学习过程中发挥着至关重要的作用。

首先，学习管理系统为学生提供了便捷的教学资源获取途径。通过学习管理系统，学生可以方便地访问到老师发布的教学资料、课件、作业等内容。这种集中管理的方式节省了学生寻找教学资源的时间，提高了他们的学习效率。无论是在校园内还是在家中，学生都可以通过网络随时随地登录学习管理系统，获取所需的教学资源。其次，学习管理系统为学生提供了个性化学习的支持。这些系统通常具有个性化设置和学习跟踪功能，能够根据学生的学习进度和需求，提供相应的教学内容和学习建议。通过对学生学习行为和表现的分析，学习管理系统可以为学生推荐适合其水平和兴趣的学习资源，提供针对性的学习指导，帮助他们更好地完成学习任务。此外，学习管理系统还为学生和教师之间的互动提供了便利的平台。学生可以通过系统与老师进行在线沟通、提交作业、参与讨论等活动，实现了学习过程的互动和交流。同时，老师也可以通过系统及时了解学生的学习情况，给予及时的指导和反馈，提高了教学效果和学生学习的质量。

（三）建立社交化学习平台和在线学习社区

1.教师社交化学习平台的建设

（1）在线论坛

通过建立教师在线论坛，可以促进教师之间的交流与合作，提升教学水平和教育质量。首先，教师在线论坛为教师提供了一个便捷的交流平台。在论坛上，教师们可以自由地发表观点、提出问题、分享心得，并与其他教师进行讨论和交流。这种开放式的交流氛围有助于激发教师的创新意识和教学热情，促进教学理念的碰撞和交流，进而推动教育教学的不断发展和进步。其次，教师在线论坛为教师提供了一个共享资源的平台。在论坛上，教师们可以分享自己的教学资源、教学设计、教学案例等，让更多的教师受益。这种资源共享的方式有助于充分利用教育资源，避免资源的重复浪费，提高了教学效率和教育资源的利用率。此外，教师在线论坛还可以促进教师之间的合作与联动。在论坛上，教师们可以通过互动和交流，寻找到志同道合的伙伴，展开合作项目，共同探讨教学方法和策略，共同解决教学中的难题。这种合作与联动的方式有助于打破教师之间的孤岛效应，形成合力，提高教学效果和教育质量。

（2）教师微信群

首先，教师微信群为教师提供了一个即时交流的平台。教师们可以随时随地通过微信群进行交流和沟通，不受时间和空间的限制。无论是在校园内还是在家里，教师们都可以通过微信群分享自己的教学心得、提出问题，获得及时的反馈和帮助。这种即时交流的方式有助于加强教师之间的联系和沟通，促进教学经验的分享和交流。其次，教师微信群为教师提供了一个集体学习的平台。在微信群中，教师们可以共同学习、共同成长，共同解决教学中的难题。通过互相交流和讨论，教师们可以拓宽自己的教学视野，开阔教学思路，提升教学水平。同时，教师微信群也可以成为教师们相互支持、共同成长的大家庭，增强师德师风，促进教育事业的发展。此外，教师微信群还可以促进教师之间的合作与协作。在微信群中，教师们可以共同策划教学活动、设计教学方案，甚至开展跨校、跨地区的合作项目。通过合作与协作，教师们可以共同探讨教学问题，共同解决教学难题，共同提高教学质量和教育水平。这种合作与协作的方式有助于充分发挥教师们的集体智慧，实现教育资源的共享和优势互补。

2.学生在线学习社区的建立

（1）课程讨论区

首先，课程讨论区为学生提供了一个共同学习的空间。在这个平台上，学生们可以就课程内容展开讨论，分享自己的学习心得和体会，提出疑问和问题。通过与同学的交流和讨论，学生们可以相互启发、相互学习，加深对课程内容的理解和掌握。这种共同学习的方式有助于激发学生的学习兴趣，提高学习积极性，促进学生之间的合作与交流。其次，课程讨论区为学生提供了一个解决问题的平台。在学习过程中，学生们可能会遇到各种各样的学习问题，如理解不透彻、知识点模糊等。通过课程讨论区，学生们可以向老师和同学请教问题，寻求帮助和建议。老师和同学们可以共同探讨问题的解决方案，共同解决学习难题，提高学习效率和学习成绩。此外，课程讨论区还为学生提供了一个分享学习资源和经验的平台。在这个平台上，学生们可以分享自己总结的学习方法和技巧，推荐学习资料和参考书籍。通过学生之间的资源共享和经验交流，可以丰富学习资源，拓宽学习视野，提高学习效果和学习质量。

（2）学生社交平台

首先，学生社交平台为学生们提供了一个共同学习的空间。在这个平台上，学生们可以分享自己的学习心得、体会和方法，交流学习经验，共同解决学习中遇到的问题。通过与同学们的互动和交流，学生们可以相互启发、相互学习，拓宽自己的学习视野，提高学习效果。其次，学生社交平台为学生们提供了一个交流讨论的平台。在学习过程中，学生们可能会遇到各种各样的问题，如理解不透彻、解题思路不清晰等。通过学生社交平台，学生们可以在这里发表自己的疑问和困惑，与其他同学进行交流讨论，寻求帮助和解答。这种交流讨论的方式有助于拓展学生们的思维，加深对知识的理解，提高学习效率。此外，学生社交平台还为学生们提供了一个合作学习的平台。在这个平台上，学生们可以相互合作，共同完成学习任务和项目。通过合作学习，学生们可以相互补充、相互协助，共同提高学习成绩和学习水平。这种合作学习的方式有助于培养学生们的团队合作意识和能力，促进学生之间的交流与合作。

第三章 数字资源在汉语言文学教育中的应用

第一节 电子图书、文学数据库的创新利用

在汉语言文学教育中，电子图书和文学数据库等数字资源的利用至关重要。通过挖掘数字化图书馆和文学数据库资源，教师可以为学生提供丰富多样的文学作品和相关资料，以支持他们的学习和研究。

一、数字化图书馆资源

（一）汇聚古代经典作品

1.挖掘古籍资源

数字化图书馆作为当今数字时代的重要文献数字化平台，不仅聚集了大量现代文学作品，更是珍藏了丰富的古籍资源。这些古籍作品，诸如《诗经》《论语》等，不仅是中华文化的瑰宝，也是人类文明的精髓所在。通过数字化图书馆，学生可以便捷地获取这些古籍的电子版本，实现了传统文献的数字化传承，为学术研究和教育教学提供了便利和可能。

第一，这些古籍作品蕴含着丰富的历史文化内涵。《诗经》作为中国最早的诗歌总集，记录了古代社会生活的方方面面，反映了古代人民的思想观念和审美情趣;《论语》作为儒家经典之一，记录了孔子及其弟子的言行和思想，对后世儒家文化产生了深远的影响。通过深入研读这些古籍作品，学生可以更加全面地了解古代社会的政治、经济、文化等方面的情况，拓宽自己的历史文化视野，增强文化自信心。

第二，这些古籍作品具有重要的文学价值。《诗经》中的诗歌以其简洁的语

言和丰富的意象，展现了古代诗人对自然和人生的感悟，被誉为"中国诗歌的摇篮"；《论语》则以其独特的语言风格和思想深度，成为中国古代文言文的典范之作。通过阅读这些古籍作品，学生可以领略到古代文学的魅力，感受到古人的智慧和情感，提升自己的文学素养和审美情趣。

第三，这些古籍作品还具有重要的思想价值。《诗经》中蕴含着古代先哲的思想智慧，如"民无信不立""大道之行也，天下为公"等，体现了古代中国人民的道德观念和社会理念；《论语》中记录了孔子及其弟子的言行和思想，弘扬了儒家的仁义道德，对中国传统文化和价值观的传承起到了重要作用。通过阅读这些古籍作品，学生可以汲取古人的思想智慧，启迪自己的思维，培养正确的人生观和价值观。

2. 培养传统文化素养

第一，通过深入阅读古代经典作品，学生可以感受到古人的情怀与智慧。这些作品中蕴含着古代文人的感慨和情感，反映了古人对生活、人性、道德等方面的思考和体悟。例如，《诗经》中的诗歌描绘了古代人民的生活场景和感情体验，《论语》记录了孔子及其弟子的言行和思想，反映了儒家的仁义道德观。通过阅读这些作品，学生可以与古人进行心灵的对话，感受到古代文人的情感共鸣，增强对传统文化的情感认同。

第二，通过深入阅读古代经典作品，学生可以领悟其中蕴含的价值观念和人生哲理。这些作品中所传达的道德观念、人生哲学等，对于塑造学生的人格品质和道德观念具有重要的影响。例如，《论语》中强调了"仁义礼智信"的重要性，《道德经》提倡"无为而治""反躬自省"等思想。通过阅读这些作品，学生可以汲取古人的智慧，领悟到人生的真谛，培养正确的人生观和价值观。

第三，通过深入阅读古代经典作品，学生可以提升自己的文学修养。古代经典作品是中华文学的精华所在，具有重要的文学价值。通过欣赏古人的辞章、体味古人的意境，学生可以提升自己的文学鉴赏能力和写作水平。例如，《红楼梦》《西游记》等作品蕴含着丰富的文学意蕴，对学生的文学修养有着重要的启迪作用。

（二）提供现当代优秀作品

1. 引领时代潮流

数字化图书馆作为当代文学资源的重要承载平台，不仅汇聚了古代经典作品，还涵盖了大量现当代优秀文学作品，从小说到诗歌，从散文到戏剧，涵盖了多种文学形式，为学生提供了丰富多彩的阅读选择。这些现当代作品不仅反映了当代社会的风貌和精神风貌，还具有时代性和代表性，引领着时代潮流的发展。

第一，现当代文学作品反映了当代社会的多样性和复杂性。作家们通过其作品对社会现象、人性特点、情感体验等进行了深刻的剖析和反思，呈现出丰富的文学风貌。例如，现实主义小说《围城》描绘了中国社会转型期的人生百态，表现了人们在现实生活中的矛盾与挣扎；诗人海子的诗歌作品表达了对生活和人生意义的思考，反映了个体内心的诗意追求。通过阅读这些作品，学生可以了解到当代社会的多元文化和多元价值观，拓宽自己的社会视野，增强对时代变迁的认知。

第二，现当代文学作品体现了作家的独特视角和创作风格。每位作家都有自己独特的生活体验和文学追求，通过其作品展现了不同的艺术风格和审美追求。例如，莫言的小说作品充满了浓厚的地域特色和生活气息，塑造了许多鲜明的人物形象；而王小波的小说则以幽默讽刺的笔调展现了对社会现象的深刻洞察。通过阅读这些作品，学生可以感受到作家们的独特魅力和创作风格，拓宽自己的审美眼界，提升文学鉴赏能力。

第三，现当代文学作品对学生的成长和思想启迪具有重要意义。这些作品不仅提供了学生丰富的阅读体验，还能够引发他们对生活、人生、社会等方面的深刻思考。通过阅读和品味这些作品，学生可以培养批判性思维和创造性思维，拓展自己的思维空间，提升自己的人文素养和综合能力。因此，教师应当充分利用数字化图书馆的资源，引导学生阅读现当代文学作品，让他们在阅读中感悟时代的脉搏，领略文学的魅力，成为具有时代意识和创新精神的新时代青年。

2. 培养审美情趣

现代文学作品以其多样的艺术表现形式和深刻的思想内涵，为学生提供了一个审美的乐园，激发了他们对美的感知和理解。通过数字化图书馆提供的现当代文学作品，教师可以引导学生深入阅读，并通过阅读感悟来培养他们的审美情趣。

第一，现当代文学作品展现了多样化的艺术表现形式。无论是小说、诗歌、散文还是戏剧，都展现了作家们丰富多彩的创作技巧和独特的艺术风格。比如，小说作品可以通过生动的场景描写和人物塑造，引发学生的情感共鸣；诗歌作品则以抒情的语言和意象的运用，激发学生的美感体验；散文作品则以文字的铺陈和叙事的技巧，吸引学生的阅读兴趣。通过接触和欣赏这些不同形式的文学作品，学生可以感受到文学艺术的多样性和丰富性，从而培养自己对美的审美情趣。

第二，现当代文学作品蕴含着丰富的思想内涵。作家们通过作品反映了当代社会的风貌和人文精神，探讨了人生的意义和价值，表达了对人性、生活、情感等方面的深刻思考。例如，一些小说作品通过对社会现实的关注和反思，引发学生对社会问题的思考和探索；一些诗歌作品通过对自然和人生的感悟，激发学生对美的向往和追求；一些散文作品通过对人物形象和人生境遇的描写，引发学生对人性和生命的思考。通过阅读和品味这些作品，学生可以领悟到其中蕴含的深刻哲理和人生智慧，从而提升自己的审美情趣和人文素养。

第三，现当代文学作品能够拓宽学生的人生视野。作品中所呈现的世界观、价值观和人生态度，能够引导学生对生活和社会的更深层次的思考，拓宽他们的人生视野和思维格局。通过阅读这些作品，学生可以感受到作家们对生活和人性的深刻洞察，从而启发自己对生活的理解和把握，拓展自己的人生智慧和情感体验。因此，教师应当充分利用数字化图书馆提供的现当代文学资源，引导学生深入阅读，并通过阅读感悟来培养他们的审美情趣，丰富个人精神生活，提升人文素养和综合能力。

二、文学数据库资源

（一）文本资料丰富多样

1. 作品类型广泛

文学数据库作为一个综合性的文学资源平台，汇集了各种文学作品的文本资料，涵盖了丰富多样的作品类型。这些作品类型包括小说、诗歌、散文等多种文学形式，而且这些作品既涵盖了古典名著，如《红楼梦》《西游记》等，也包括了现当代优秀作品，如鲁迅的小说、余华的小说等。

首先，文学数据库收录了大量的小说作品，这些小说涵盖了各个历史时期和不同文学流派，包括古代经典小说和现代现实主义小说等。比如，古代经典小说《红楼梦》以其丰富的人物形象和细腻的情感描写，展现了中国古典文学的魅力；而现代现实主义小说《活着》通过对人物命运的描写，反映了当代社会的生存困境和人性挣扎，具有强烈的现实意义。这些小说作品既能够满足学生对古典文学的向往和探索，也能够引发他们对当代社会的反思和思考。其次，文学数据库还涵盖了丰富多样的诗歌作品。诗歌作为一种高度凝练的文学形式，能够以简洁的语言表达深刻的思想和情感。这些诗歌作品涵盖了不同题材和风格，包括古代诗歌、现代诗歌以及当代诗歌等。比如，古代诗歌《登鹳雀楼》通过对壮丽景色的描写，表达了诗人的豪情壮志；而现代诗歌《致橡树》则以植物的形象抒发了诗人对爱情的思念之情。这些诗歌作品不仅能够启发学生对诗歌艺术的欣赏和理解，还能够激发他们的审美情感和情感共鸣。此外，文学数据库还包括了丰富多样的散文作品。散文作为一种灵活多样的文学形式，涵盖了生活、人物、风景等各个方面的题材，具有较强的感染力和表现力。这些散文作品既有古代经典散文，如《史记》《醒世恒言》等，也有现代散文，如《读书有感》《我爱你，中国》等。这些散文作品通过对生活的观察和感悟，展现了作家对人生、社会和人性的深刻思考，具有较强的感染力和启示性。学生通过阅读这些散文作品，不仅能够感受到作家的情感与智慧，还能够启发他们对生活的思考和领悟。

2. 跨越时空的文学体验

首先，古代经典作品是学生跨越时空的文学体验中的重要组成部分。这些作品包括《诗经》《论语》《史记》等，它们承载着中华民族丰厚的传统文化，具有深刻的历史积淀和思想内涵。通过阅读这些古代经典作品，学生可以了解古代文学的风貌和传统，领略古人的智慧和情感，感受到中华优秀传统文化的博大精深。例如，《诗经》以其优美的语言和丰富的意境展现了古代诗歌的魅力，《论语》则通过孔子的言行展示了儒家思想的博大精深，《史记》则以其丰富的历史资料和生动的叙述展现了古代历史的丰富内涵。其次，现当代优秀作品也是学生跨越时空的文学体验中的重要组成部分。这些作品包括了鲁迅的小说、余华的小说等，它们反映了当代社会的风貌和精神风貌，具有时代性和代表性。通过阅读这些现当代优秀作品，学生可以感受到当代文学的活力和多样性，了解作家的独特视角和创作风格，领略到当代社会的生活状态和人文情怀。例如，《狂人日记》以其深刻的社会讽刺和思想批判展示了鲁迅作为文学大师的风采，《活着》则通过对个人命运的描写反映了中国现代社会的生存困境和人性挣扎。

（二）评论分析和研究论文

1. 深度解读与学术探讨

文学数据库的价值不仅在于提供丰富的文学作品，更在于其收录了大量的评论分析和研究论文，为文学作品的深度解读和学术探讨提供了重要支持。这些评论和论文涵盖了作品的各个方面，包括主题、风格、人物塑造、情节构建等，具有深刻的思想和丰富的学术内涵。

首先，评论分析和研究论文提供了对作品的深度解读。通过对作品的分析和评价，评论家和学者们揭示了作品背后的思想内涵、艺术特点以及作者的创作意图。例如，对于《红楼梦》这样的经典之作，评论家们可以从不同角度对其进行解读，探讨其中蕴含的人生哲理、家族观念以及社会文化背景，为读者提供了更深层次的理解和感悟。其次，评论分析和研究论文促进了学术探讨和思想交流。在文学界，学者们常常就某一文学作品展开深入研究，撰写相关论文并进行学术讨论。这些论文涵盖了作品的多个方面，涉及文学理论、历史文化、社会心理等诸多领域，为文学研究提供了丰富的思想资源。通过阅读这些论文，学生可以了解到不同学者对同一作品的不同见解和观点，拓展了自己的思维广度和深度。

　　2.学术资源的丰富性

　　文学数据库所涵盖的评论分析和研究论文源自多个学术渠道，其丰富性和多样性为学生提供了深入探讨文学作品的重要资源。这些论文来源广泛，可能包括但不限于学术期刊、研究机构、学术会议等，覆盖了各个学术领域和研究角度，具有较高的学术水平和权威性。

　　首先，学术期刊是文学研究的重要出版渠道之一，其中刊载的评论分析和研究论文经过严格的同行评审，具有较高的学术质量和可信度。这些期刊涵盖了文学理论、文化研究、文学史、批评理论等多个学术领域，为学生提供了全面了解文学作品的学术视角和研究成果的机会。其次，研究机构也是评论分析和研究论文的重要来源之一。各类文学研究机构致力于对文学作品进行深入研究和探讨，其出版的论文通常具有较高的专业性和深度，对文学作品的解读和分析常常具有独特的学术价值。此外，学术会议也是学术交流和成果展示的重要平台，会议论文往往反映了最新的研究动态和前沿成果。文学领域的学术会议聚集了众多学者和专家，通过交流讨论，推动了文学研究的发展，为学术界提供了丰富的思想碰撞和学术交流的机会。

第二节　数字文献检索与分析工具

一、利用数字化工具提升文献检索效率

（一）提高文献检索效率的重要性

1.教学和研究的需求

在汉语言文学教育领域，教师和学生的教学和研究工作离不开对丰富文献资

料的需求。这些文献资料不仅包括经典著作、学术论文，还包括各种形式的文学作品和相关评论。教师需要这些文献资料来支持课堂教学，为学生提供全面的知识背景和理论支持。同时，学生在进行学术研究和论文撰写时，也需要大量的文献资料来支撑自己的观点和论证。首先，对于教师而言，快速获取相关文献资料对于准备课堂教学内容至关重要。教师需要通过文献资料来解读和分析经典文学作品，探讨作品的文化内涵、艺术特点和时代意义，从而为学生提供深入的文学品位和思考。此外，教师还需要借助文献资料来了解学术界对于某一文学现象或作品的研究成果和不同观点，为课堂教学提供多样化的理论视角和研究思路。其次，对于学生而言，获取相关文献资料是进行学术研究和论文撰写的基础。学生需要通过文献资料来了解前人的研究成果，查找相关理论和观点，为自己的研究提供理论支持和文献引用。同时，学生还需要通过阅读文学作品和相关评论，拓宽自己的文学视野，提升文学鉴赏能力和研究水平。因此，快速获取相关文献资料对于学生进行学术研究和论文写作具有重要意义。

2. 数字化文献检索工具的优势

传统的文献检索方式通常需要花费大量的时间和精力，例如，学生或研究人员需要手动翻阅各种书籍、期刊，或者通过索引目录进行检索。这种方式存在着效率低下、信息获取不及时、检索结果有限等问题。然而，随着信息技术的发展，数字化文献检索工具的出现极大地改变了这种局面，为用户提供了高效、便捷的文献检索体验。

首先，数字化文献检索工具的优势在于其高效性。这些工具通过利用先进的搜索算法和数据库技术，能够迅速准确地定位到用户所需的文献资料。用户可以通过输入关键词、作者名、题目等信息，即可在海量的文献数据库中快速检索到相关文献，节省了大量的时间和精力。其次，数字化文献检索工具具有全面性和多样性。这些工具覆盖了各种学科领域和专业方向的文献资源，包括学术期刊、专著、论文等。用户可以根据自己的需求，灵活选择检索范围和方式，从而获取到丰富多样的文献资料，满足不同层次、不同领域的信息需求。此外，数字化文献检索工具还具有信息更新及时的特点。由于数字化文献库可以实时更新，用户可以获取到最新的文献资料和研究成果。这为学术研究和教学提供了及时的信息支持，有利于用户跟进学术前沿，了解最新的研究进展。

3. 提升教学和研究效率

高效的文献检索工具对于提升教学和研究效率具有显著的作用，其影响不仅体现在时间成本的节省上，还体现在信息获取的广泛性和质量上。首先，这些工具能够大幅缩短教师和学生获取文献资料的时间，使他们能够更专注地投入到教学和研究工作中。其次，通过数字化文献检索工具，教师和学生可以获得更广泛的文献资源，涵盖了不同学科领域和研究方向的内容，从而为教学和研究提供了更丰富的信息支持。此外，这些工具还能够提高信息的质量和可信度，因为它们往往基于权威的学术数据库和期刊资源，用户可以更加信任其中的文献内容。综上所述，高效的文献检索工具不仅提升了教学和研究的效率，还能够提高其质量和水平，为学术界和教育界的发展注入了新的活力。

（二）数字化工具的应用范围

1. 学科领域和专业方向的涵盖

数字化文献检索工具在汉语言文学教育领域的广泛应用涵盖了多个学科领域和专业方向，为教师和学生提供了丰富多样的文献资源和资料。首先，这些工具涵盖了古代文学领域，包括诗歌、散文、古典小说等多种文学形式。学生和研究者可以通过这些工具获取到《诗经》《楚辞》《史记》等古代文学经典的电子版文献，深入研究古代文学的演变和发展。其次，现当代文学是数字化文献检索工具的重要涵盖领域之一，涉及了20世纪以来的各种文学流派和作品。学生和教师可以检索到鲁迅、茅盾、巴金等现代文学巨匠的作品，深入了解现代文学的文化内涵和社会意义。此外，数字化文献检索工具还覆盖了汉语言文字学领域，包括汉字学、语言学、方言学等多个方面。教师和学生可以通过这些工具获取到《说文解字》《玉篇》等经典著作的电子版文献，深入探讨汉语言文字的形成和演变规律。最后，文学批评是数字化文献检索工具覆盖的重要专业方向之一，涵盖了不同的文学理论和批评方法。学生和研究者可以通过这些工具获取到各种批评性研究论文、专著和期刊文章，拓宽自己的学术视野，提升文学研究的深度和广度。

2. 检索方式和功能的多样性

数字化文献检索工具的多样化检索方式和丰富功能为用户提供了灵活而高效的文献检索体验。首先，最常见的检索方式是关键词搜索。用户可以根据自己的研究主题或兴趣，输入相关的关键词，系统将根据这些关键词在文献数据库中进行匹配，提供相应的检索结果。这种方式简单直接，适用于大多数用户的基本检索需求。其次，分类浏览是另一种常见的检索方式。用户可以通过浏览文献数据库中的分类目录或标签体系，按照学科、作者、出版年份等方面进行分类浏览，快速定位感兴趣的文献资源。这种方式适合于用户希望系统性地了解某一领域或主题的文献资料。此外，数字化文献检索工具还提供了文献推荐功能。系统可以根据用户的检索历史、下载记录等信息，智能推荐相关的文献资源，帮助用户发现与其研究兴趣相关但可能未曾考虑过的文献。这种个性化推荐能够提高用户发现新知识的可能性，促进学术交流和思想碰撞。除了上述基本的检索方式外，数字化文献检索工具还具有丰富的功能，如文献导出、文献管理、全文阅读等。用户可以根据自己的需求，灵活运用这些功能，更好地管理和利用文献资料。

3. 支持教学和学术研究

这些数字化文献检索工具在教学和学术研究中的应用是多方面且深具意义的。首先，对于学生而言，这些工具为他们的学术研究提供了宝贵的支持。学生可以通过这些工具快速、方便地获取到与自己研究课题相关的文献资料，包括论文、期刊文章、专著等。这不仅节省了学生大量的时间和精力，还为他们的学术研究提供了更为全面和深入的资料基础。通过阅读这些文献资料，学生可以扩展自己的知识面，深化对研究课题的理解，提高学术研究的水平和质量。其次，对于教师而言，数字化文献检索工具同样发挥着重要的作用。教师可以利用这些工具及时获取到最新的教学资源和研究成果，为课堂教学提供更为丰富和前沿的内容。通过引用最新的研究成果和学术观点，教师可以丰富课堂内容，激发学生的学习兴趣，促进课堂教学效果的提升。此外，教师还可以通过这些工具为学生提供学术指导和建议，帮助他们更好地进行学术研究和论文撰写，促进学生的学术成长和发展。

二、开展文献分析和学术研究

（一）文献分析的重要性

1. 深入理解作品内涵

文献分析在汉语言文学教育中的重要性不言而喻。它作为深入理解文学作品内涵的重要手段，为教师和学生提供了探索文学世界的窗口。通过文献分析，可以实现对文学作品的深度解读，揭示其更为深刻的内涵和意义。首先，文献分析能够帮助读者深入解读作品的语言特点。在文学作品中，语言是表达作者思想感情的主要工具，其选择、运用和塑造都蕴含着丰富的意义。通过对作品中语言的分析，可以揭示出作者的用词精准度、语言美感以及语言符号的隐喻含义，从而更好地理解作品所表达的思想和情感。其次，文献分析还能够深入剖析作品的结构安排。文学作品的结构布局往往暗示着作者的意图和创作手法。通过对作品结构的分析，可以发现其中的线索、转折点和高潮部分，把握作品的发展脉络和情节展开，从而更加深入地理解作品的内在逻辑和艺术构思。此外，文献分析还包括对作品主题、人物形象、情节设置等方面的探讨。通过对作品主题的分析，可以把握作品所要传达的核心思想和价值取向；通过对人物形象和情节设置的分析，可以理解作品中人物的性格特点和行为动机，以及情节的发展逻辑和意义。

2. 提供理论支持

首先，文献分析可以揭示学术界对文学作品或文学现象的不同解读和观点。在学术研究中，不同学者可能对同一文学作品或现象有着不同的理解和解释，这些观点往往反映了不同的学术立场、研究方法和理论取向。通过对这些文献资料的分析，可以了解到不同学者的研究重点、研究视角和研究成果，为教学和研究提供了丰富的理论参考。其次，文献分析还可以发现学术界存在的争议和热点问题。在文学研究领域，常常存在着一些具有争议性和热点的问题，如作品的真实性、作者的意图解读、文学风格的演变等。通过对相关文献资料的分析，可以了解到学术界对这些问题的不同看法和讨论，为教学和研究提供了思考的方向和切入点。此外，文献分析还可以发现学术研究的趋势和发展动向。随着学术研究的不断深入和发展，往往会出现一些新的研究课题、方法和理论。通过对相关文献资料的分析，可以了解到学术研究的最新动态和趋势，为教学和研究提供了前沿的理论支持和启示。

3. 增强文学鉴赏能力

首先，文献分析可以帮助学生从多个角度审视文学作品。通过对作品的语言运用、结构布局、人物塑造、情节发展等方面进行深入剖析，学生能够逐渐发展出敏锐的观察力和批判性思维，从而更好地理解作品的艺术特点和价值所在。其次，文献分析可以促使学生形成独立的审美观点和评价标准。在分析文学作品的过程中，学生需要根据自己的感受和理解，对作品进行客观准确的评价，形成自己独特的审美观念。这种独立思考和审美判断的能力是培养学生终身受益的品质之一。此外，文献分析也能够拓宽学生的文学视野和知识面。通过对不同时期、不同地域、不同文学流派的作品进行分析比较，学生可以了解到不同文学作品之间的联系和差异，拓宽自己的文学视野，丰富自己的文学知识。

最重要的是，文献分析培养了学生对文学的敏感性和感知能力。通过细致入微的分析过程，学生能够领悟到作品背后蕴含的情感、思想和人生智慧，从而提升自己的审美水平和人文素养。

（二）学术研究的深度与广度

1. 系统性的研究方法

首先，这些工具提供了广泛而深入的文献资源，涵盖了各个学科领域和专业方向。教师和学生可以根据自己的研究兴趣和需求，轻松地获取到所需的文献资料，不再受限于传统的文献检索方式所面临的时间和空间限制。这种广泛的文献资源为他们展开系统性的学术研究提供了丰富的素材基础。其次，数字化文献检索与分析工具提供了多样化的检索方式和功能。用户可以通过关键词搜索、分类浏览、文献推荐等方式快速准确地定位到所需文献，提高了文献检索的效率和精度。这种多样化的检索方式使得教师和学生能够更加灵活地开展学术研究，从不同角度和层面进行文献检索和分析，形成全面而系统的研究视角。此外，数字化文献检索与分析工具还提供了便捷的文献管理和整理功能。用户可以利用这些工具对获取到的文献进行分类、标注、保存和分享，建立个性化的文献库和研究档案，方便日后的查阅和引用。这种便捷的文献管理功能有助于教师和学生更好地组织和管理自己的研究工作，提高研究效率和质量。

2. 多维度的研究视角

首先，从文学史的角度出发，教师和学生可以利用数字化文献检索与分析工具查阅到各个历史时期的文学作品及其相关研究资料。他们可以通过对文学作品的时代背景、流派特点、影响力等方面进行分析，了解作品在历史发展进程中的地位和作用，从而在更广阔的历史背景下理解作品的内涵。其次，从文学理论的角度出发，教师和学生可以利用数字化文献检索与分析工具获取到各种文学理论的相关资料，如结构主义、后现代主义、女性主义批评等。通过运用不同的文学理论框架对文学作品进行解读，他们可以从理论的高度深入剖析作品的意义和价值，拓宽对作品的研究视野。此外，从文化批评的角度出发，教师和学生可以利用数字化文献检索与分析工具获取到关于作品所反映的文化背景、社会环境、价值观念等方面的相关资料。通过对作品所承载的文化内涵和社会意义进行解读，他们可以深入理解作品与当时社会文化的关系，揭示作品背后的深层意义和价值。

3. 提高学术水平

数字化文献检索与分析工具为他们提供了丰富的研究资源和便捷的检索手段，为提升学术水平提供了重要支持。首先，通过文献分析，教师和学生可以深入了解文学作品的内涵和价值，掌握研究方法和技巧。他们可以通过对作品的语言、结构、主题等方面进行系统性的分析，挖掘作品背后的深层含义，提升对文学作品的理解和解读能力。同时，通过对相关文献资料的查阅和整理，他们还可以了解前人的研究成果和观点，借鉴他人的研究方法和经验，不断提升自己的研究水平。其次，借助数字化文献检索与分析工具，教师和学生可以跟踪学术前沿和研究趋势，了解最新的学术成果和研究动态。他们可以通过订阅学术期刊、关注学术网站和参加学术会议等方式，获取到最新的研究论文和学术讨论，及时了解学科领域的发展方向和研究热点，保持学术敏锐性和前瞻性。此外，通过参与学术研究项目和团队，教师和学生可以与同行进行深入的学术交流和合作，拓宽学术视野，积累研究经验，提升学术影响力。他们可以参与学术讨论会、学术研讨会和学术交流活动，分享自己的研究成果和心得体会，与他人共同探讨学术问题，促进学术交流与合作，不断提高学术水平。

第三节　多媒体素材的整合与创新

一、多媒体素材的整合

多媒体素材在汉语言文学教学中的整合是一项复杂而重要的任务。这一过程不仅需要考虑到素材的形式多样性，还需要充分考虑教学内容的连贯性和学生的认知特点。在整合多媒体素材时，我们首先应该充分了解学生的学习需求和兴趣，以此为基础选择适合的素材类型。

（一）文字素材的整合

1. 课文

在汉语言文学教学中，课文是教师传授文学知识和学生学习文学的主要途径之一。经典文学作品、现代散文、小说等文本作为课文，具有丰富的内涵和艺术特点，对于学生的文学素养培养具有重要意义。

（1）经典文学作品

经典文学作品承载着丰富的文化底蕴和人文精神，是汉语言文学教学中不可或缺的重要素材。通过对经典作品的深入阅读和分析，学生可以领略到中国传统文学的博大精深。比如，教学中可以选取《红楼梦》《西游记》《三国演义》等经典巨著，通过分析作品中的人物形象、情节发展、意象等，帮助学生理解古代文学的美学价值和历史意义。

（2）现代散文

现代散文作为一种新兴的文学形式，反映了当代社会的生活状态和思想情感。教学中可以选取一些优秀的现代散文作品，如鲁迅的《狂人日记》、余华的《活着》等，让学生感受到现代文学的多样性和活力。通过分析现代散文作品中的语言风格、表现手法等，可以拓宽学生的文学视野，促进他们对当代社会和人生命题的思考和理解。

（3）小说

小说作为文学的重要体裁之一，在汉语言文学教学中占据着重要地位。教学中可以选取一些经典的小说作品，如鲁迅的《呐喊》、钱钟书的《围城》等，通过分析小说中的人物形象、情节发展、社会背景等，帮助学生理解小说的艺术特点和人文内涵。同时，也可以引导学生阅读一些现当代优秀的小说作品，如莫言的《红高粱》、刘慈欣的《三体》等，让他们了解当代文学的发展趋势和创新成就。

通过对经典文学作品、现代散文和小说的深入研究和分析，可以培养学生的文学鉴赏能力和批评思维，提升其对文学作品的审美水平和文化修养。

2. 诗歌

诗歌作为文学的精华，具有独特的音韵美和情感表达，对于提高学生的文学素养和审美情趣具有重要作用。在汉语言文学教学中，通过朗诵或音频形式传达优美的诗歌，可以激发学生的情感共鸣和想象力，增强其语言表达能力和感受美的能力。

（1）朗诵

朗诵是传统的诗歌表达形式，可以让学生通过声音的韵律和节奏感受诗歌的美。教学中可以选择一些优美的古典诗歌，如李白的《静夜思》、苏轼的《水调歌头》等，通过朗诵的方式让学生体会到诗歌的音韵之美和情感内涵。

（2）音频形式

除了朗诵，音频形式也是传达诗歌的重要方式之一。通过录制优美的诗歌朗读，可以为学生提供更加直观、生动的诗歌体验。教学中可以选取一些经典的现当代诗歌作品，如海子的《面朝大海，春暖花开》，通过音频的方式让学生感受到诗歌的情感张力和意境美。

通过诗歌的朗诵和音频形式传达，可以激发学生的学习兴趣和情感体验，提高其对诗歌的理解和欣赏水平，促进其语言表达能力的提升和文学审美情趣的培养。

3. 文章

文章作为一种文学形式，具有丰富的内容和多样的表现形式，在汉语言文学教学中也是重要的教学素材之一。通过专题文章、评论等文本的选取和分析，可以帮助学生深入了解文学作品的背后含义和创作背景，拓宽其文学视野和思维深度。

（1）专题文章

专题文章可以深入探讨文学作品的某一主题或特定问题，帮助学生深入理解作品的内涵和意义。教学中可以选取一些经典的文学专题文章，如关于鲁迅的文学批评、现代诗歌创作探索等，通过阅读和分析这些文章，可以引导学生深入思考文学作品的深层意义和文化背景。

（2）评论

文学评论是对文学作品进行深入分析和评价的重要形式，可以帮助学生理解作品的艺术特点和批评价值。教学中可以选取一些著名文学评论家的评论文章，通过阅读这些评论文章，可以引导学生从不同的视角和角度去解读文学作品，拓展其对作品的理解和评价能力。

（二）图片素材的整合

1. 插图

插图在汉语言文学教学中扮演着重要的角色，它能够通过形象生动的图像为学生呈现文学作品中的场景、人物形象和情节发展，从而帮助他们更直观地理解故事情节和人物关系，提升对文学作品的抽象理解能力。

（1）绘制插图

在教学中，可以通过绘制插图的方式来呈现文学作品中的场景和人物形象。教师或学生可以根据文学作品的描述，绘制出对应的图像。这些插图可以通过投影仪或展示板展示给学生，让他们在视觉上更直观地感受文学作品的情节和氛围。

（2）插图故事板

另一种方法是制作插图故事板，将文学作品的情节通过一系列插图展现出来，每幅插图都代表着作品中的一个关键场景或情节点。这种方法不仅可以帮助学生理清故事情节的发展线索，还可以培养他们的整合能力和逻辑思维。

2. 艺术作品

艺术作品的融入为汉语言文学教学提供了更多的艺术视角，能够拓展学生对文学作品的理解和欣赏，促进跨学科的学习与思考。

（1）绘画作品

通过引入与文学作品相关联的绘画作品，可以让学生从视觉艺术的角度来理解文学作品中的情感表达和意象描绘。教学中可以选择一些与文学作品主题相关的绘画作品，例如画家对文学作品中场景或人物的再现，让学生通过观赏绘画作品加深对文学作品的理解。

（2）雕塑作品

雕塑作品也是为汉语言文学教学提供多样化视角的重要素材。教学中可以选取与文学作品相关的雕塑作品，例如雕塑家通过雕塑作品表现出的情感和形象，与文学作品中的人物形象进行对比，帮助学生更加深入地理解文学作品的意义和内涵。

（三）音频素材的整合

1. 朗读

朗读在汉语言文学教学中是一种重要的教学方式，通过真人朗读或者语音合成技术的应用，可以帮助学生更好地理解文学作品的语调、节奏和情感表达，提升其对文学作品的感知和理解能力。

（1）真人朗读

教学中可以邀请教师或者专业朗读者进行真人朗读文学作品，通过他们优美的语音和情感表达，帮助学生更深入地领会作品中的情感和内涵。朗读者可以根据作品的节奏和情感变化，调整语音的语调和节奏，使学生更加投入到文学作品的世界中。

（2）语音合成技术

除了真人朗读，还可以利用语音合成技术进行朗读。通过语音合成软件，可以将文学作品转换成语音文件，让学生在听觉上感受到文学作品的韵律和美感。这种方式可以根据学生的需求和教学的要求，调整语音的语速和语调，提供个性化的朗读体验。

2. 音乐

音乐作为一种表达情感和传递思想的艺术形式，可以与文学作品相结合，增强学生对作品的情感共鸣和理解。选取与文学作品相关联的音乐，可以为学生营造出一种情感氛围，让他们更深入地体验文学作品的内涵和情感。

（1）配乐

在教学中，可以为文学作品配上相应的音乐，以增强作品的情感表达和氛围营造。选择与文学作品主题和情感相契合的音乐，通过音乐的节奏和旋律，引导学生进入作品的情感世界，增强其对作品的共鸣和理解。

（2）音乐欣赏

此外，也可以通过音乐欣赏的形式来丰富文学教学。选取与文学作品相关的音乐作品，例如交响乐、歌曲等，让学生通过音乐的表现形式和情感内涵，深入理解文学作品所表达的情感和主题。通过音乐的欣赏，可以拓宽学生的审美视野，增强其对文学作品的感知和理解能力。

（四）视频素材的整合

1. 电影片段

电影片段作为视听媒体的一种，能够为汉语言文学教学提供生动丰富的视听体验，帮助学生更好地理解文学作品的情节、人物形象以及主题。

（1）选取相关片段

在教学中，可以根据文学作品的内容和主题，选取与之相关的电影片段进行展示。这些片段可以是根据文学作品改编的电影，也可以是与作品主题相近或有关联的电影片段。通过观看电影片段，学生可以直观地感受到作品中的情节发展和人物性格，加深对作品的理解。

（2）分析与讨论

在观看电影片段后，可以组织学生进行分析和讨论。教师可以引导学生分析片段中的情节、人物形象以及与文学作品的异同之处，帮助他们理解电影与文学之间的联系和区别。通过讨论，可以拓展学生对文学作品的思考深度，培养其分析和批判能力。

2. 纪录片

纪录片作为一种展现现实生活和历史背景的视听媒体，能够为学生提供丰富的历史和文化信息，增强他们对文学作品所处时代背景的理解。

（1）结合相关纪录片

教学中可以结合相关的纪录片，为学生呈现文学作品所处的历史背景、文化环境以及作者的生活经历等信息。通过观看纪录片，学生可以更加直观地了解作品背后的历史和文化背景，加深对作品的整体认识。

（2）讨论与反思

观看完纪录片后，可以组织学生进行讨论与反思。教师可以引导学生分析纪录片中呈现的历史事件、文化现象以及与文学作品的关联之处，促进学生对作品背景的深入理解和思考。通过讨论，可以拓展学生的历史和文化知识，加深其对文学作品的整体认识。

二、多媒体素材的创新

多媒体素材的创新是推动汉语言文学教学发展的关键。随着科技的不断进步和教学理念的更新，我们可以不断探索新的教学方法和素材形式，以更好地激发学生的学习兴趣和提高教学效果。

（一）利用新媒体技术

1.虚拟现实（VR）技术的应用

通过虚拟现实技术，学生能够以一种前所未有的沉浸式方式体验文学作品，仿佛置身于作品所描述的场景之中。这种沉浸式的学习体验不仅能够极大地增强学生的学习兴趣，更能够促进对文学作品的深入理解和感知。

第一，虚拟现实技术为学生提供了身临其境的体验。通过戴上 VR 眼镜或使用相应的设备，学生可以在仿真的虚拟环境中进行探索和体验。例如，在学习《红楼梦》时，学生可以在虚拟现实环境中漫步于贾府和荣府之间，身临其境地感受到庭院的繁花似锦、流水潺潺，以及人物之间的情感纠葛。这种身临其境的体验能够使学生更加直观地理解作品中所描绘的情节和氛围，从而加深对作品的印象和理解。

第二，虚拟现实技术能够帮助学生拓展对文学作品的空间想象。传统的教学方式往往只能通过文字和图片来描述作品中的场景和环境，而虚拟现实技术则可以将这些场景以更加真实、立体的方式呈现给学生。学生可以自由地在虚拟环境中移动和观察，感受到作品中所描绘的空间的广阔和细节的丰富。例如，在学习《西游记》时，学生可以利用虚拟现实技术亲身经历孙悟空历经艰险的西天取经之路，从而更加深刻地理解作品中的历险情节和神话世界。

第三，虚拟现实技术还可以为学生提供与文学作品中人物互动的机会。通过虚拟人物的设定和程序的编制，学生可以与作品中的人物进行对话、交流甚至合作，从而更加深入地了解人物的性格、思想和情感。例如，在学习《三国演义》时，学生可以与关羽、张飞等历史人物进行互动，了解他们的英雄气概和忠义情怀，从而更加生动地体验到作品中所蕴含的历史文化和人文精神。

2.增强现实（AR）技术的运用

通过将虚拟内容叠加到现实世界中，增强现实技术使学生能够在真实环境中与虚拟信息进行交互，从而更加深入地理解和感知文学作品的意境和内涵。

第一，增强现实技术为学生提供了直观的学习体验。学生可以通过手机或平板设备扫描特定的图书或文学作品，触发相关的 AR 内容。例如，学生扫描《诗经》中的古诗词，AR 技术可以将相关的解释、注释等信息叠加到现实世界中，直接显示在学生的视野中。这种直观的学习方式使学生能够更加直观地理解诗歌的含义和背景，提高对文学作品的理解和感知能力。

第二，增强现实技术能够为学生提供个性化的学习体验。通过 AR 技术，学生可以根据自己的兴趣和需求选择并触发特定的 AR 内容。例如，学生可以根据自己感兴趣的诗歌或文学作品扫描相应的书籍，触发相关的 AR 解释和注释，从而根据自己的学习需求获取相关信息。这种个性化的学习方式能够更好地满足学生的学习需求，提高学习的效率和效果。

第三，增强现实技术还能够为学生提供多样化的学习内容。除了诗歌的解释和注释，AR 技术还可以展示古代音乐表演、相关历史事件等信息，丰富学生的学习体验。例如，学生扫描《红楼梦》中的古诗词，AR 技术可以展示出相应的古代音乐表演视频，让学生在欣赏诗歌的同时，了解其背后的历史文化和艺术形式。这种多样化的学习内容能够激发学生的学习兴趣，增强对文学作品的理解和欣赏能力。

（二）开展跨学科教学

1. 语言学与文学结合

通过语言学的分析，学生不仅可以洞察作品中的语言特点和表现形式，还能够揭示作品背后蕴含的丰富文化内涵和社会意义。以下将探讨语言学与文学结合的重要性以及在教学实践中的具体运用。

第一，语言学与文学结合的重要性在于深化学生对文学作品的理解。文学作品的语言是其灵魂和载体，通过语言学的分析，学生可以透过表面的文字，深入挖掘作品中的修辞手法、语言风格等特点。例如，对《红楼梦》中的对话结构进行语言学分析，可以发现其中的言语特点和社会文化意义。通过分析人物之间的对话方式、语言习惯以及用词选择，可以揭示出不同社会阶层、人物性格之间的差异和关系，进而深化对作品情节和人物塑造的理解。

第二，语言学与文学结合的实践可以拓宽学生的学习视野。传统的文学教学往往侧重于文学作品本身的阅读和解读，而忽略了语言形式和结构对作品意义的构建和传达的重要性。通过引导学生运用语言学的方法和理论对文学作品进行分析，可以帮助他们拓展对文学作品的理解维度。例如，学生可以运用语言学知识分析古代诗歌中的韵律、格律、音韵等，揭示出诗歌所表达的情感和意义，从而拓展对古代诗歌的审美视野和欣赏能力。

第三，语言学与文学结合还能够促进学生的批判性思维和创造性表达能力。通过对文学作品的语言结构和表现形式进行分析，学生不仅能够理解作者的意图和手法，还能够批判性地评价作品的价值和意义。同时，学生也可以借鉴语言学的理论和方法，运用到自己的文学创作中，从而提升自己的文学表达能力和创作水平。

2. 艺术学与文学结合

通过欣赏与文学相关的艺术作品，学生可以从视觉艺术的角度，感知和理解作品中所表达的主题、情感以及文化内涵。以下将深入探讨艺术学与文学结合的意义以及在教学实践中的具体运用。

第一，结合艺术学知识欣赏与文学相关的艺术作品有助于丰富学生的审美体验。文学作品和艺术作品都是人类文化的重要组成部分，它们之间存在着深刻的内在联系。通过欣赏绘画、雕塑等艺术形式，学生可以感受到艺术家如何通过视觉形象来表达与文学作品相同的主题和情感。例如，在学习《西游记》时，学生可以观赏相关的艺术作品，如书法、绘画、雕塑等，从中感受到中国传统神话和文化的独特魅力，进而深入理解《西游记》中所蕴含的民族精神和文化内涵。

第二，结合艺术学知识与文学作品有助于拓宽学生的审美视野。传统的文学教育往往只局限于文字的阅读和解读，而忽视了其他艺术形式对文学作品的补充和丰富。通过欣赏绘画、雕塑等艺术作品，学生可以从视觉艺术的角度重新审视文学作品，发现其中的美学价值和艺术魅力。例如，学生可以通过观赏与《红楼梦》相关的绘画作品，体会到其中所表现的意境和情感，从而更加深入地理解作品中所描绘的人物形象和情节发展。

第三，结合艺术学知识与文学作品还有助于促进学生的跨学科思维和综合能力。艺术作品和文学作品都是人类文化的表现形式，它们之间存在着复杂的关联和互动。通过学习和欣赏艺术作品，学生不仅可以加深对文学作品的理解，还可以拓展对文学作品所处时代和文化背景的认识。例如，通过观赏与《水浒传》相关的绘画作品，学生不仅可以感受到作品中所表现的英雄气概和战斗场面，还可以了解到中国古代的绘画风格和艺术技法，从而更加全面地理解作品的意义和价值。

（三）设计创新的教学活动

1.游戏化设计

通过设计文学知识竞赛、角色扮演等趣味性教学活动，不仅可以增加学生对文学作品的理解和记忆，还能够培养学生的团队合作精神、创造力和批判性思维。以下将对游戏化设计在文学教学中的应用进行深入探讨。

第一，游戏化设计可以激发学生的学习兴趣和参与度。相比于传统的课堂教学形式，游戏化教学更具有趣味性和互动性，能够吸引学生的注意力，让他们在轻松愉快的氛围中进行学习。例如，设计文学知识竞赛，可以以团队或个人形式展开，让学生在比赛中竞争、合作，从而激发他们的学习兴趣。此外，通过角色扮演游戏，学生可以身临其境地体验文学作品中的情节和人物，更加深入地理解作品的内涵和意义。

第二，游戏化设计可以提高学生的学习动机和积极性。通过设置游戏任务、设立奖励机制等方式，激励学生积极参与学习活动。例如，设计文学知识闯关游戏，学生需要通过解决问题、回答题目等方式来逐步闯关，从而获取奖励或晋级，增强学习的成就感和满足感。这种积极的学习体验能够激发学生的学习动机，促使他们更加努力地投入到学习中。

第三，游戏化设计还可以促进学生的团队合作和沟通能力。在文学知识竞赛或角色扮演游戏中，学生需要与他人合作、交流，共同解决问题、完成任务。通过与他人合作，学生不仅能够增强团队意识和合作精神，还能够锻炼自己的沟通技巧和协作能力。这种团队合作的学习方式不仅能够促进学生之间的交流与合作，还能够培养学生的团队合作意识和能力。

2.线上线下结合

开展线上线下结合的教学模式，利用社交媒体平台开展课外拓展和学习互动，可以促进学生之间的交流和合作，增强学习效果。

（1）"线上＋线下"混合式教学

混合式教学实则是面对面线下课堂教学和网络在线学习之混合，是现实教学环境和虚拟网络环境之间的混合，是教师与学生间进行线下和线上沟通之混合，可以帮助学生将学习效果提升，继而促使学生学习成果最大化。但是和传统教学比较而言，"线上＋线下"混合式教学模式具有相似的点，其是在以往教学模式基础之上发展来的，可是目的均为助力学生学习知识，掌握技能，得到最好的学习效果。但是，根据"线上＋线下"混合式教学执行过程以及获得的效果看来，混合式教学具有传统教学不能比拟的优势。第一，"线上＋线下"混合式教学有效解决了教学场地和时间限制方面的问题，开拓了课堂概念，继而增加了对课堂和内容的理解。第二，混合式教学执行效果的优劣在某种程度上是由学生参与积极性和自主学习能力所决定的，教师在教学中扮演的角色是引导者，如此充分显现出了学生课堂主体性。第三，混合式教学充分表现出了对话教学的本质，其转变了传统课堂教师说教模式，为教师与学生、学生与学生相互间提供了很多沟通的机会。

（2）积极探索"线上＋线下"混合式汉语言文学教学

①课前合理运用网络获得备课资源

一节课上的好与坏，在一定程度上是由教师备课情况决定的。汉语言文学教师不但需要有扎实的语言学知识，还需要学习合理借助网络查询资料，从而科学利用。当前，和汉语言文学教学有关的网络在持续涌现出来，如此给教师提供了海量的备课资源。这部分资源涵盖了多种类型的网络媒体素材与教学课件、讲课视频与网络题库等，能够利用网络下载以及到市场购买的方法获取资源，为教师备课提供了便捷性。在该种情况下，使用多媒体课件展开教学已经发展成高校汉语言文学教学的重要趋势。多媒体课件全面使用文本与图片等各种媒体信息，图文并茂，可以为学生带来感官上的刺激，激发学生学习兴趣。打造优质的多媒体教学环境，可以增加信息量，促使学生学习到越来越多的知识，促使学生进一步理解汉语言知识。在多媒体时代，使用现代化技术展开教学，不仅可以促使知识变得更加形象化，而且也与学生需求相符，可以节约课堂时间，获得良好的效果。所以，课件选取与制作等是教师备课的主要环节。在制作课件时，需要科学运用网络采集资料，提升课件质量。

②课堂讲解内容应紧跟时代发展，多使用网络展示

课堂教学是教学中的核心部分，学生感知和记忆等学习环节多数是在课堂教学中进行的。汉语言文学教学作为语言课程，和社会生活有着紧密的联系，所以汉语言文学教学内容需要和时代发展共同进步。一则，在课堂教学中需要向学生介绍学科发展新动态、发展方向与热点问题。比如，在讲解汉语言文学专业中的古代汉语基础课程《战国策》时，介绍长沙马王堆汉墓出土帛书，讲到了依据地下出土文献校正典籍讹误事例；讲解《论语》介绍战国楚竹简，里面就有不见于传世典籍的《孔子诗论》等等。二则，需要将社会生活中的多种现象和专业课程内容相结合，比如，讲解古今词汇变化，将网络流行语言和热点词汇等现代社会

很流行的情况和旧词消亡、新词涌现出来等词汇发展知识相结合起来。这样一来，有利于帮助学生激发出学习的兴趣，开阔学生视野，丰富学生知识，对教学效果提升是很有帮助的。再者，为了有效培养学生自主学习方面的能力，需要在课堂上将多种搜索引擎和检索工具介绍给学生，为其演示且帮助学生掌握检查方式，提升学生文献检索与网络采集能力，最关键是开拓学生知识面，为未来深入研究与学习奠定基础。

③课后借助网络实时反馈，提高学习成效

在实际教学实践过程中，诸多教师比较关注线下课堂教学，继而忽视了课后辅导的关键性。课后知识强化是学生学习中的重要环节，要想提高阅读汉语言文学典籍的能力，就需要掌握汉语言文学基础知识，进行大量练习，进一步理解文学典籍内容，才可以内化升华。和以往教学模式有差别，网络互动性打破了以往教学时空的局限性，教师与学生能够在课后借助网络展开交流，对学生巩固知识有关键作用，有益于建立新的师生关系。首先，提供多种教学资源。网络课堂教学资源由教师传输多种网络教学资源，比如视频和电子书等资源。在教学材料中发布网络上采集到的别的高校汉语言文学课程教学课件。各种风格课件比较，可以帮助学生掌握我国各大高校教学实况。其次，进行网络教学互动。网络课堂可以设置课程通知、答疑、问卷等诸多栏目，为教师与学生、学生与学生交流互动提供大力支持。在作业方面，教师对课堂上学习的重难点知识，提供有关练习，如此可以巩固所学知识，弥补课堂教学中的不足，减轻批改作业的负担；答疑部分，学生能够把自身不理解的知识经过留言和教师沟通，如此可以节省课堂上的教学时间，提升教学效果。

三、汉语言文学专业开放式教学

汉语言文学专业开放式教学是一种源于科恩（R.C.Cohn）于1969年提出的教学理论，该理论以人本主义为基础，同时也融入了斯皮罗（Spiro）于1992年提倡的建构主义教学理念，包括"课堂讨论模型""开放课堂模型""随机通达教学"和"情景性教学"。与传统的封闭式教学相对应，开放式教学注重以知识教学为核心，将学生的发展置于首要位置。其核心理念在于营造一个有利于学生自由成长的开放式教学环境，从而促使学生在积极主动的探索过程中实现全面发展。信息化时代给中国高等教育带来了巨大的变革和挑战。如何在大学教学中有效地将理论与实践相结合，培养出具有创新能力的人才，已经成为社会广泛关注的焦点。

开放式教学恰好满足了这一需求，因此成为国内高校教学改革的重要途径。

（一）开放式教学空间的构建

在封闭式教学模式中，教室是教学活动开展的主要场所，但将教与学局限于教室，难以培养学生的自主学习能力和实践应用能力。构建开放式教学空间，激励学生在广阔的社会空间中自主学习，更能促成其全面发展。

一方面可利用信息化时代优势，使教学由课堂延伸至网络空间。信息技术的飞速发展为教学空间的开放提供了便利。利用互联网环境，建立教师教学博客，以更为个性化的方式与学生交流，创建课程研讨群，就一些课堂上没有时间深入探讨的问题进行讨论，也是开放教学空间的有效尝试。而"慕课"的开设进一步开放了教学空间。相比于教学网站上的课件展示和教学视频播放，"慕课"更为完整地展示了整个课堂教学过程，学习进程、学生体验和师生互动过程也被系统地在线实现。

另一方面通过加强社会实践指导，使教学不仅限于大学课堂，而是延伸至社会空间。虽然汉语言文学专业的部分选修课对学生的见习和实习有较强指导作用，学生仍反映所学知识和技能运用于实践时捉襟见肘，甚至面对难度较大的实习任务无从下手。出现这些问题既有学生学习不扎实的原因，也与一些课程理论性过强、应用性薄弱有关。要解决相应问题，应加大课程体系中实践课程比重，增加应用型课程的实践课时，以加强教学环节的实践性，强化学生的实践技能训练。此外，学以致用需要一个磨合过程，故而见习、实习指导老师应充分发挥引导作用。在学生遇到困难时从社会阅历和专业知识、技能方面给予实用的指导，帮助学生将课堂所学应用于实践，逐步提升自身能力和素养。

（二）开放式内容体系的构建

开放式教学对教学内容的更新提出很高要求。

1. 课程体系建构要具有开放性

汉语言文学作为我国普通高等教育中历史悠久的专业之一，其核心课程如中国古代文学、中国现当代文学、外国文学、文学概论、古代汉语、现代汉语等地位稳固，但选修课程则应随时更新以适应时代潮流。例如，某高校在修订汉语言文学专业本科人才培养方案时，根据"加强人文基础、注重实践应用、培养复合型人才"的培养目标，对部分无明确内涵的个别课程进行了精减，并引入了更具特色和竞争力的选修课程。同时，为了充分利用人文学院的资源优势，该校还打破了专业间的壁垒，将"教育学""心理学""舞蹈基础""音乐基础"等课程纳入专业选修范畴。

2. 专业课程的教学内容需及时更新

在信息化时代，教师不像从前一样居于信息获取的优势地位，学生可从多种渠道获取教学资源，"慕课"的发展也对传统的课堂教学形成巨大冲击，在优质教学资源的对比之下，高校学生对教师提供的教学内容持更挑剔的态度。因此，教学内容由教师单方设定，课上照本宣科、满堂灌的封闭式教学模式遭到严重质疑。在开放式教学中，教师不仅要及时吸纳学科前沿知识，不断更新教学内容，更要尊重学生的主体地位，教学活动开展前先了解学生的兴趣和需求，让学生参与教学内容设计，并根据学生反馈信息，适当调整教学内容。例如，提前将阅读书目交给学生，由学生自主选题完成课程论文。划出一定时间，让学生在课堂上发表自己的研究结论。将教学内容划分为若干个教学单元，每个教学单元结束时，在网上听取学生的反馈意见，对下一单元的教学内容和教学方法作调整。

（三）开放式方法体系的构建

开放式方法体系的构建不仅意味着多样化教学方法的融入，也要求教师侧重选择利于学生参与的教学方法，如体验式教学法、问题式教学法、小组讨论法、研究式教学法等。以外国文学课程为例。外国文学囊括中国文学之外的各民族文学，涉及的文化背景复杂多样，解析经典作品的文化内涵是一大教学难点，因学生无法亲身体验这些文化，要通过阅读浩如烟海的文化书籍来了解异域文化也难度极大。因此，采用体验式教学法，利用多媒体课件，以插入图片、音乐、视频的方式，整合东西方历史文化、美术、音乐等资源，创设与教学内容相适应的情境，让学生在丰富的视听享受中感受异域文化的魅力，并尝试从文化视角解析文学作品。在讲授每个教学单元的知识前，会提供学生数道思考题，引导学生围绕这些问题思考，形成自己的观点，把握知识重点和难点。可以鼓励学生以问题意识阅读作品，将阅读中产生的问题提交课程研讨群，在群里展开讨论，也会选取有深度的问题，在课堂上组织小组讨论。研究式教学主要利用教学网站开展，对课题研究的各个环节如查找文献、选题、选取研究方法、确立分析角度等进行指导，继而督促学生利用课外空余时间，完成课题研究，撰写一篇小论文，最后在课堂上讨论其研究成果。研究式学习不仅培养学生的研究能力，也为学生将来的毕业论文写作打好基础。

（四）开放式评价体系的构建

长期以来，汉语言文学专业的课程考核都是注重结果评价，即以期末考试或考查的成绩评价学生的学习成就，且评价的主体只有教师，也使评价标准趋于刻板，部分学生为获取更好成绩刻意迎合教师的评价标准，丧失学习的能动性。

因此，构建开放式评价体系，方能与教学内容、教学方法等的变革相呼应，促进学生自主学习能力和独立思考能力的提升。

其构建途径是确立多元的评价主体，对学生的学习成就进行综合评价。除教师外，学生也成为重要的评价主体。教师评价学生的学习成果和课堂表现，学生既评价教师的教学活动，也评价其他学生的学习成果，如对同学的课堂研讨、论文写作进行评论。教师不仅仅以一篇论文或一张试卷评定一名学生的学习成绩，而是关注学生课程学习过程中的表现，将文本阅读、自学讨论、问答、文献研究等纳入学生评价体系，以读书笔记、专题讨论发言提纲、问答记录、小论文等作为平时成绩评定依据。扩大平时成绩在总评成绩中的占比，以突出过程性评价的重要性。而在平时的教学中，要对学生的精彩表现及时地点评，以动态评价激发学生的参与热情。

以上从教学空间、教学内容、教学方法、教学评价四个方面探讨了开放式教学在汉语言文学专业中的应用，事实上，开放式教学体系的建构是多元化的，教师亦可从其他教学环节出发，进行开放式教学的有益尝试，形成创新性的教改成果。

第四节　AI 技术在汉语言文学教育中的创新应用

在数字时代，人工智能（AI）技术正在深刻改变教育的各个方面。对于汉语言文学教育而言，AI 技术的引入不仅提升了教学效率和学习体验，还为教学模式和教学资源的创新提供了新的可能性。

一、个性化学习的实现

AI 技术的一个显著优势在于其强大的数据处理能力和学习能力，通过分析学生的学习数据，AI 可以实现个性化学习的精准推送，从而满足每个学生的独特需求。

（一）学习路径的个性化设计

在传统的教学模式中，教学内容和教学进度往往是统一的，难以照顾到每个学生的个体差异。AI 技术可以根据学生的学习历史、知识水平、兴趣爱好等因素，为每个学生量身定制学习路径。例如,通过分析学生在不同知识点上的掌握情况,AI 系统可以自动调整学习内容和进度,帮助学生在短板上进行重点突破,同时拓展其在强项上的深入学习。

1. 数据分析与学习路径定制

AI 技术通过大数据分析,可以详细了解每个学生的学习习惯、知识掌握情况和学习兴趣。基于这些数据,AI 系统可以为每个学生设计个性化的学习路径。例如,对于在某些知识点上表现较弱的学生,系统可以提供更多相关的学习资源和练习题,帮助其巩固知识点;而对于在某些方面表现优异的学生,系统则可以推荐更高难度的内容和挑战,激发其潜力。

(1)大数据分析的应用

大数据分析是个性化学习路径设计的核心技术之一。通过收集和分析学生的学习数据,AI 系统可以全面了解学生的学习进展、知识掌握情况和学习兴趣。例如,系统可以分析学生在不同知识点上的答题情况、作业完成情况、课堂表现等,形成详细的学习画像。这些数据不仅包括学生的学业成绩,还涵盖学生的学习习惯、学习行为和学习态度。基于这些分析结果,AI 系统可以为每个学生定制个性化的学习路径,确保教学内容和教学进度与学生的实际情况相匹配。

(2)个性化学习资源的推荐

AI 系统通过分析学生的学习数据,可以精准推荐个性化的学习资源。例如,对于在某些知识点上表现较弱的学生,系统可以推荐更多相关的学习资源和练习题,帮助其巩固知识点。相反,对于在某些方面表现优异的学生,系统则可以推荐更高难度的内容和挑战,激发其潜力。这样的个性化资源推荐,不仅可以帮助学生在短板上进行重点突破,还可以拓展其在强项上的深入学习。例如,一个对古典文学感兴趣的学生,系统可以推荐更多古典文学作品和相关的学术论文,帮助其深入研究和理解。

2. 动态调整与反馈

AI 系统不仅可以为学生初步设计学习路径,还能够根据学生的学习进展和反馈进行动态调整。例如,学生在学习过程中遇到的困难和问题,系统可以实时监测并提供相应的帮助和建议;如果学生在某个知识点上表现出色,系统可以适时提高难度,确保学生持续受到挑战,从而保持学习兴趣和动力。

(1)实时监测与即时反馈

AI 系统的一个重要功能是实时监测学生的学习进展,并提供即时反馈。例如,学生在学习过程中遇到困难时，系统可以立即识别并提供相应的帮助和建议。这样的即时反馈不仅可以帮助学生及时解决学习中的问题，还可以增强学生的学习信心和动力。例如，学生在阅读一篇复杂的文学作品时，系统可以通过分析学生的阅读进度和理解情况，提供即时的解释和提示，帮助学生更好地理解作品内容。

（2）动态调整学习路径

AI系统可以根据学生的学习进展和反馈，动态调整学习路径，确保学生的学习过程始终具有挑战性和针对性。例如，如果学生在某个知识点上表现出色，系统可以适时提高难度，推荐更高难度的学习内容和练习题，确保学生持续受到挑战。相反，如果学生在某个知识点上遇到困难，系统可以降低难度，提供更多基础知识的讲解和练习，帮助学生逐步掌握知识点。这样的动态调整，不仅可以帮助学生在短板上进行重点突破，还可以激发学生在强项上的潜力，实现全面发展。

（3）长期跟踪与个性化指导

AI系统还可以对学生的学习进行长期跟踪，提供个性化的学习指导。例如，系统可以记录学生在不同知识点上的学习进展和表现，形成详细的学习档案。基于这些档案，系统可以为学生提供长期的学习建议和指导，帮助学生制定科学合理的学习计划，实现持续进步。例如，系统可以根据学生的学习档案，推荐适合的学习资源和练习题，帮助学生不断巩固知识，提升学习效果。

（二）个性化学习资源推荐

AI技术可以根据学生的学习偏好和需求，推荐个性化的学习资源。通过大数据分析和机器学习，AI可以从海量的学习资源中筛选出最适合某个学生的教材、文献、视频、练习题等。例如，在汉语言文学教育中，AI可以根据学生的兴趣爱好，推荐相关的文学作品、学术论文、教学视频等资源，使学生在兴趣驱动下更积极地投入学习。

1.精准匹配与推荐算法

通过机器学习算法，AI系统可以分析学生的阅读记录、搜索历史、学习行为等，生成学生的学习画像。这些画像可以反映学生的学习兴趣、习惯和需求，帮助系统精准匹配和推荐合适的学习资源。例如，对于喜欢古代文学的学生，系统可以推荐相关的古籍文献、学术论文、名家点评等；对于喜欢现代文学的学生，系统可以推荐当代作家的作品、相关的影视作品等。

（1）学习画像的生成

机器学习算法是精准推荐的核心。通过分析学生的阅读记录、搜索历史和学习行为，AI系统可以生成详细的学习画像。这些画像包括学生的学习兴趣、学习习惯、知识掌握情况和学习需求等信息。生成学习画像的过程涉及多种数据处理和分析技术，包括自然语言处理、数据挖掘和统计分析等。通过对这些数据的深度分析，AI系统可以准确捕捉每个学生的学习特点和需求，为精准推荐奠定基础。

（2）个性化资源推荐的实现

基于生成的学习画像，AI系统可以为学生推荐个性化的学习资源。例如，对于喜欢古代文学的学生，系统可以推荐相关的古籍文献、学术论文和名家点评等资源；对于喜欢现代文学的学生，系统可以推荐当代作家的作品、相关的影视作品等。这样的推荐不仅可以满足学生的学习兴趣，还可以帮助学生深入理解和掌握相关知识。例如，一个对唐诗感兴趣的学生，系统可以推荐《全唐诗》及其相关的研究论文、赏析视频等资源，帮助其深入了解唐诗的艺术魅力和文化背景。

（3）推荐算法的优化

推荐算法的优化是实现精准推荐的关键。AI系统可以通过不断优化推荐算法，提升推荐的准确性和满意度。例如，通过引入协同过滤算法和深度学习模型，系统可以更精准地匹配学生的学习需求和资源。例如，协同过滤算法可以根据相似学生的选择，推荐可能感兴趣的资源；深度学习模型可以通过学习大量数据，发现潜在的学习兴趣和需求，提高推荐的准确性。

2. 实时更新与多样化资源

AI系统可以实时更新和调整推荐的学习资源，确保学生始终能获取最新、最适合的学习内容。通过整合多种类型的学习资源，如电子书、音频、视频、互动课程等，AI系统可以为学生提供丰富多样的学习体验，满足不同学习风格和需求的学生。例如，喜欢听书的学生可以通过音频资源学习，喜欢看视频的学生可以通过教学视频获取知识，喜欢阅读的学生可以通过电子书深入学习。

（1）实时更新的必要性

学习资源的实时更新是确保推荐内容始终适用和新颖的重要手段。AI系统可以通过实时监测学习资源库的变化，及时更新推荐内容。例如，当新的学术论文、电子书或教学视频上线时，系统可以根据学生的学习画像，及时推荐最新的资源，确保学生能获取最新的学习资料。这种实时更新的机制，不仅提高了学习资源的时效性，还能激发学生的学习兴趣和动力。

（2）多样化学习资源的整合

AI 系统通过整合多种类型的学习资源，为学生提供丰富多样的学习体验。例如，系统可以整合电子书、音频、视频、互动课程等多种资源，满足不同学习风格和需求的学生。对于喜欢听书的学生，系统可以推荐优质的音频资源，如名家朗读的文学作品、有声书籍等；对于喜欢看视频的学生，系统可以推荐教学视频、文学讲解视频等；对于喜欢阅读的学生，系统可以推荐电子书、学术论文等。这种多样化的资源整合，不仅丰富了学生的学习途径，还能提高学习的效果和体验。

（3）个性化学习体验的提升

多样化资源的个性化推荐，显著提升了学生的学习体验。例如，一个对古典文学感兴趣的学生，可以通过系统推荐的多种资源，全面了解古典文学的各个方面。学生不仅可以阅读古籍文献，还可以观看相关的讲解视频，听取名家的朗读和点评，参加互动课程进行讨论和交流。这种多维度的学习体验，不仅提高了学生的学习兴趣和积极性，还能帮助学生全面理解和掌握相关知识。

（三）学习行为的实时监测与反馈

AI 技术可以实时监测学生的学习行为，并根据监测结果提供即时反馈和指导。例如，学生在阅读一篇文学作品时，AI 可以通过眼动追踪、面部表情分析等技术，判断学生的阅读状态和理解程度，并在适当的时候提供提示或解释，帮助学生更好地理解作品的内涵和背景。这样的实时监测与反馈，不仅提高了学习的效率和效果，还增强了学生的学习体验和学习兴趣。

1. 眼动追踪与理解分析

眼动追踪技术可以帮助 AI 系统了解学生在阅读过程中的关注点和理解程度。例如，当学生在阅读一篇复杂的文学作品时，系统可以通过监测学生的眼动轨迹，判断其是否在关键段落停留较长时间，是否频繁回读某些句子等。这些信息可以帮助系统判断学生的理解情况，并在适当的时候提供解释或提示，帮助学生更好地理解和掌握作品内容。

（1）眼动追踪技术的原理与应用

眼动追踪技术通过红外光反射和摄像头捕捉眼球运动，从而了解学生在阅读过程中的关注点和注视时间。这种技术能够精确捕捉学生的眼动轨迹，分析学生在阅读过程中对哪些部分停留时间较长，对哪些部分频繁回读。通过这些数据，AI 系统可以判断学生的阅读理解程度。例如，当学生在阅读《红楼梦》时，系统可以监测其在描述贾宝玉和林黛玉感情变化的段落上是否停留较长时间，从而判断学生是否理解了关键情节和情感变化。

（2）理解程度的评估与提示

基于眼动追踪数据，AI 系统可以评估学生的阅读理解程度，并在适当的时候提供即时的解释和提示。例如，如果系统发现学生在某个段落频繁回读或停留时间异常长，可能意味着学生在理解该段落时遇到了困难。此时，系统可以主动弹出提示框，提供段落的背景信息或简要解释，帮助学生更好地理解内容。这种即时反馈机制，不仅可以解决学生在阅读过程中的困惑，还可以增强学生的学习体验和阅读效果。

（3）实际应用案例

眼动追踪技术在教育中的应用已经有了一些成功的案例。例如，在汉语言文学教育中，研究者使用眼动追踪技术，分析学生在阅读《红楼梦》时的眼动轨迹，发现学生在描写人物心理活动的段落上停留时间较长，且频繁回读。基于这些发现，AI 系统可以在这些关键段落上提供更多的解释和注释，帮助学生更好地理解人物心理和情节发展。

2. 面部表情与情感反馈

面部表情分析技术可以帮助 AI 系统了解学生在学习过程中的情感状态。例如，当学生在学习过程中表现出困惑、焦虑或疲惫的表情时，系统可以识别这些情感，并提供相应的支持和鼓励。例如，系统可以在学生感到困惑时提供进一步的解释，在学生感到疲惫时建议休息，帮助学生保持良好的学习状态和积极的情感体验。

（1）面部表情分析技术的原理与应用

面部表情分析技术通过摄像头捕捉和分析学生的面部表情，从而判断其情感状态。该技术基于计算机视觉和深度学习算法，可以准确识别各种面部表情，如微笑、皱眉、惊讶、困惑等。通过分析这些表情，AI 系统可以实时监测学生的情感变化，了解其在学习过程中的情感状态。例如，当学生在阅读一篇复杂的文学作品时，系统可以通过识别学生的困惑表情，判断其在理解内容上遇到了困难。

（2）情感状态的反馈与干预

基于面部表情分析，AI 系统可以在学生情感状态发生变化时，提供及时的反馈和干预。例如，当系统识别到学生表现出困惑或焦虑的表情时，可以提供进一步的解释或额外的资源，帮助学生解决理解上的困难；当系统识别到学生表现出疲惫或注意力不集中的表情时，可以建议学生短暂休息或进行一些放松活动，帮助其恢复学习状态。这样的情感反馈机制，不仅可以提升学生的学习效率，还可以改善其学习体验和情感状态。

（3）实际应用案例

面部表情分析技术在教育中的应用同样已经有了一些成功的案例。例如，在汉语言文学的课堂上，研究者使用面部表情分析技术，监测学生在听讲时的情感状态，发现学生在讲解复杂文学概念时，常表现出困惑和焦虑。基于这些发现，AI 系统可以在讲解这些概念时提供更多的辅助材料和解释，帮助学生更好地理解和掌握知识点。此外，在长时间的学习过程中，系统还可以通过识别学生的疲惫表情，建议其进行适当的休息，避免学习疲劳。

二、智能评估与反馈

评估与反馈是教学过程中的重要环节，传统的评估方式往往依赖于教师的主观判断，存在效率低、准确性不足等问题。AI 技术的引入，为评估与反馈的智能化、精准化提供了新的可能性。

（一）作文自动批改系统

在汉语言文学教育中，作文是重要的评估方式之一。传统的作文批改不仅耗时耗力，而且存在主观性强、标准不一的问题。AI 技术通过自然语言处理（NLP）和机器学习算法，可以实现作文的自动批改。AI 系统可以根据预设的评分标准，对作文进行内容、结构、语言、表达等多方面的评估，并提供详细的评分和反馈意见。例如，AI 系统可以指出作文中的语法错误、词汇运用不当、逻辑不清等问题，并给出相应的修改建议，帮助学生不断提高写作水平。

1. 自然语言处理与评分标准

自然语言处理技术可以帮助 AI 系统理解和分析学生的作文内容。例如，通过对作文文本的分词、词性标注、句法分析等，系统可以识别作文中的语法结构、词汇运用、句子逻辑等。基于预设的评分标准，系统可以对作文的各个方面进行评估，并生成详细的评分报告。例如，系统可以根据作文的主题表达、论证逻辑、语言流畅度等，给予综合评分，并提供具体的改进建议。

2. 详细反馈与个性化指导

AI 系统不仅可以提供详细的评分报告，还可以根据学生的作文表现，提供个性化的写作指导。例如，系统可以根据学生的作文问题，推荐相关的写作技巧、范文示例、练习题目等，帮助学生有针对性地提高写作能力。同时，系统还可以跟踪学生的写作进展，记录其在不同方面的改进情况，提供持续的反馈和指导，帮助学生不断提高写作水平。

（二）智能测评与知识诊断

AI 技术可以通过智能测评系统，对学生的知识掌握情况进行全面评估和诊断。智能测评系统可以设计多种类型的测评题目，如选择题、填空题、简答题等，通过对学生答题情况的分析，全面了解学生在各个知识点上的掌握程度。基于这些数据，AI 系统可以生成个性化的知识诊断报告，指出学生的强项和弱项，并提供有针对性的学习建议和练习题目，帮助学生查漏补缺，逐步提高学习效果。

1. 多样化测评与全面评估

智能测评系统可以设计多种类型的测评题目，全面评估学生的知识掌握情况。例如，通过选择题、填空题，可以评估学生对基础知识的记忆和理解；通过简答题，可以评估学生对知识点的应用和分析能力。系统可以根据测评结果，生成详细的评估报告，全面反映学生在各个知识点上的掌握情况，帮助学生了解自己的学习状况。

2. 个性化诊断与学习建议

基于智能测评系统的评估结果，AI 系统可以生成个性化的知识诊断报告，指出学生的强项和弱项。例如，系统可以根据学生在不同知识点上的表现，推荐相应的学习资源和练习题，帮助学生巩固基础知识，突破难点。同时，系统还可以根据学生的学习进展，提供持续的学习建议和指导，帮助学生不断提高学习效果。

（三）学习行为数据分析

AI 技术可以对学生的学习行为数据进行全面分析，帮助教师更好地了解学生的学习状况和学习需求。例如，通过对学生在学习平台上的点击记录、阅读时间、学习路径等数据的分析，AI 系统可以发现学生的学习习惯和学习偏好，识别出学生在学习过程中的困惑和障碍。基于这些分析结果，教师可以有针对性地调整教学策略，提供个性化的教学支持和辅导，提升教学效果和学生的学习体验。

1. 学习行为数据的收集与分析

通过学习管理系统和其他数字化教学工具，AI 技术可以收集学生的各种学习行为数据，例如点击记录、阅读时间、学习路径、作业提交情况等。这些数据可以全面反映学生的学习过程和学习状态，为分析和评估提供丰富的基础数据。例如，系统可以分析学生在不同时间段的学习效果，识别出学生的高效学习时间和低效学习时间，并提供相应的学习建议。

2. 学习习惯与学习效果的关联分析

AI系统可以通过大数据分析，发现学生的学习习惯与学习效果之间的关联。例如，系统可以分析学生的学习频率、学习时长、学习方式等，判断哪些学习习惯有助于提高学习效果，哪些习惯需要改进。基于这些分析结果，系统可以为学生提供个性化的学习建议，帮助学生优化学习习惯，提升学习效果。

3. 早期预警与及时干预

AI技术可以通过学习行为数据的分析，及时发现学生在学习过程中的困惑和障碍。例如，当系统发现某个学生在多个知识点上连续出现错误，或者在学习过程中表现出明显的疲劳和注意力下降时，可以发出早期预警，并提供相应的干预措施。教师可以根据系统提供的预警信息，及时调整教学策略，提供个性化的辅导和支持，帮助学生克服学习困难，保持良好的学习状态。

三、辅助教学工具

AI技术的应用不仅在于个性化学习和智能评估，还在于为教师和学生提供各种辅助教学工具，提升教学效率和教学质量。

（一）智能教学助手

智能教学助手是AI技术在教学中的重要应用之一。智能教学助手可以帮助教师完成一些繁琐的教学任务，如课件制作、题库管理、作业批改等。例如，通过自然语言处理技术，智能教学助手可以根据教学内容和教学目标，自动生成相应的教学课件和教学资料，帮助教师节省备课时间。智能教学助手还可以根据学生的学习情况，推荐适合的练习题目和辅导资料，帮助教师更好地进行个性化教学。

1. 自动生成教学资料

通过自然语言处理和机器学习技术，智能教学助手可以根据教师提供的教学内容和目标，自动生成相应的教学资料。例如，教师在准备一堂汉语言文学课时，可以输入课程主题、教学目标和关键知识点，智能教学助手会根据这些信息，自动生成相关的教学课件、讲义和练习题，帮助教师节省备课时间，提高备课效率。这种自动生成教学资料的功能，不仅能减轻教师的负担，还能确保教学内容的科学性和系统性。例如，在讲授《红楼梦》时，教师只需输入相关的教学内容和目标，智能教学助手就能自动生成关于《红楼梦》的历史背景、主要人物分析、情节概要以及重要情节的详细解析，使教师能够更专注于课堂教学和学生互动。

2. 智能题库管理

智能教学助手可以帮助教师管理题库，根据学生的学习情况和教学需求，智能推荐和生成题目。例如，系统可以根据学生的知识掌握情况，推荐适合的练习题目和测试题目，帮助学生巩固所学知识。同时，系统还可以根据学生的答题记录，分析学生的答题习惯和常见错误，提供个性化的答题指导和练习建议。这种智能题库管理功能，可以确保题目质量的稳定性和多样性。例如，在汉语言文学的诗词鉴赏课上，系统可以根据学生的学习进度和薄弱环节，推荐相应的诗词鉴赏练习题，帮助学生逐步提升鉴赏水平。

3. 自动批改作业

智能教学助手可以实现作业的自动批改，减轻教师的工作负担。例如，系统可以通过自然语言处理技术，自动批改学生的作文、阅读理解题和其他主观题目，并提供详细的评分和反馈意见。教师可以根据系统提供的评分和反馈，了解学生的学习情况，调整教学策略，提供有针对性的辅导和支持。这种自动批改作业的功能，不仅提高了批改效率，还能保证批改的客观性和一致性。例如，在汉语言文学写作课上，智能教学助手可以快速批改大量学生的作文，并对每篇作文提供具体的修改建议，帮助学生提高写作水平。

（二）自动化课件生成工具

自动化课件生成工具是 AI 技术在教育资源开发中的重要应用。通过机器学习和图像识别技术，自动化课件生成工具可以将文本、图片、视频等多种资源自动整合成多媒体课件。例如，教师在讲授古代文学作品时，自动化课件生成工具可以根据作品的内容，自动匹配相关的历史背景、作者生平、文学评论等资料，并生成图文并茂、内容丰富的电子课件，提升课堂教学的生动性和吸引力。

1. 多媒体资源整合

自动化课件生成工具可以将文本、图片、视频、音频等多种资源进行整合，生成内容丰富的多媒体课件。例如，系统可以根据文学作品的内容，自动搜索和匹配相关的图片、视频和音频资料，并将这些资源整合到课件中，帮助教师更生动地呈现教学内容，提高课堂教学的吸引力和生动性。通过这种多媒体资源的整合，学生可以通过视觉、听觉等多种感官方式，全面了解文学作品的背景和内涵。例如，在讲授《红楼梦》时，自动化课件生成工具可以提供相关的影视片段、名家讲解视频、音乐等多媒体资源，帮助学生更直观地理解和感受作品的魅力。

2. 自动生成教学结构

自动化课件生成工具可以根据教学内容和目标，自动生成合理的教学结构和逻辑。例如，系统可以根据文学作品的内容和教学目标，设计出合适的教学流程和环节，如导入、讲解、讨论、总结等，帮助教师更好地组织和安排课堂教学，提高教学效率和效果。通过这种自动生成教学结构的功能，教师可以更加专注于教学内容的讲解和学生的互动，而不必耗费大量时间和精力在课件制作上。例如，在讲授《西游记》时，系统可以自动生成从导入孙悟空的出生、经历到他大闹天宫、被压五行山的教学结构，使教师能够条理清晰地讲解故事情节。

3. 持续更新与优化

自动化课件生成工具可以根据教学反馈和教学效果，持续更新和优化课件内容和结构。例如，系统可以根据学生的反馈和教师的评价，不断优化课件的内容和结构，提升课件的质量和教学效果。同时，系统还可以根据最新的教学资源和技术，更新课件内容，保持课件的时效性和先进性。通过这种持续更新与优化的功能，教师可以确保课件内容的科学性和时效性。例如，教师在使用自动化课件生成工具讲授《三国演义》时，可以根据学生的反馈和课堂效果，及时调整和优化课件内容，使教学更加贴近学生的需求和理解能力。

（三）智能语音助手

智能语音助手可以通过语音识别和语音合成技术，为教师和学生提供便捷的语音互动服务。例如，教师在课堂上可以通过智能语音助手，实现语音控制课件播放、语音提问、语音记录等功能，提升课堂教学的便捷性和互动性。学生在学习过程中，可以通过智能语音助手，实现语音查询资料、语音记录学习笔记、语音答题等功能，提升学习的便捷性和效率。

1. 语音控制与互动

智能语音助手可以通过语音识别技术，实现课堂教学的语音控制和互动。例如，教师在课堂上可以通过语音指令，控制课件的播放、暂停、翻页等操作，解放双手，提升课堂教学的便捷性。同时，教师还可以通过语音助手进行课堂提问，学生可以通过语音回答问题，增强课堂互动，提升学习效果。这种语音控制与互动的功能，使课堂教学更加灵活和高效。例如，教师在讲授《水浒传》时，可以通过语音助手控制课件播放相关的影视片段，同时进行提问，学生可以通过语音回答问题，增强课堂互动和参与感。

（1）语音识别技术在课堂中的应用

　　语音识别技术在智能语音助手中的应用，能够显著提高课堂教学的效率和互动性。例如，教师在讲授《水浒传》中的经典桥段时，可以通过语音助手播放相关的影视片段，并通过语音指令控制视频的开始、暂停和结束。这样，教师可以更加专注于讲解和学生的互动，而无需频繁操作电脑或投影设备。此外，教师还可以通过语音助手进行实时提问，学生可以通过语音回答问题，语音助手能够快速识别并记录学生的回答，方便教师进行课堂评估和反馈。

　　（2）提升课堂互动的具体案例

　　语音控制与互动不仅提高了教学效率，还增强了课堂的互动性。例如，在讲解《红楼梦》时，教师可以通过语音助手播放相关的文学评论视频，并随时暂停进行补充讲解或提问。学生在观看视频的过程中，可以通过语音助手回答教师的问题，表达自己的见解和疑问。这样的互动方式，不仅提高了学生的参与度和学习兴趣，还使课堂教学更加生动有趣。此外，语音助手还可以记录学生的回答和提问，帮助教师进行后续的教学评估和调整。

　　2. 语音查询与学习

　　智能语音助手可以帮助学生在学习过程中，快速查询资料和记录学习笔记。例如，学生在学习过程中遇到不懂的问题，可以通过语音助手进行语音查询，快速获取相关的学习资料和答案。同时，学生还可以通过语音助手记录学习笔记，将重要的学习内容和知识点记录下来，方便日后复习和查阅。这种语音查询与学习的功能，使学生的学习过程更加便捷和高效。例如，学生在阅读《红楼梦》时，可以通过语音助手查询相关的背景资料和人物分析，并记录下自己的阅读感悟和思考，方便日后复习和交流。

　　（1）语音查询的便捷性与高效性

　　语音查询功能极大地提升了学生在学习过程中的便捷性和高效性。学生在阅读《红楼梦》时，遇到不明白的词句或情节，可以立即通过语音助手进行查询。例如，学生可以问："薛宝钗的生平背景是什么？"语音助手会快速提供相关的资料和解答。这样，学生无须中断阅读去查阅书籍或上网搜索，提高了学习的连贯性和效率。同时，语音助手还能根据查询记录，推荐相关的学习资源和拓展阅读，帮助学生深入理解和拓宽知识面。

　　（2）记录学习笔记的智能化

　　语音助手还能够帮助学生智能化地记录学习笔记。学生在学习过程中，可以通过语音助手记录自己的学习心得和重要知识点。例如，学生在阅读《红楼梦》

时，可以通过语音助手记录自己的阅读感悟和疑问，方便日后复习和查阅。这样的记录方式不仅便捷高效，还能帮助学生养成良好的学习习惯，提升学习效果。此外，语音助手还能将学生的语音记录转化为文字，生成系统化的学习笔记，方便学生进行整理和复习。

3.语音答题与评估

智能语音助手可以帮助学生进行语音答题和学习评估。例如，学生可以通过语音助手进行语音答题，系统可以根据学生的回答情况，进行自动评估和反馈，帮助学生了解自己的学习情况和存在的问题。同时，系统还可以根据学生的答题记录和评估结果，提供个性化的学习建议和辅导，帮助学生不断提高学习效果。这种语音答题与评估的功能，使学生的学习评估更加便捷和准确。例如，学生在完成《史记》相关章节的学习后，可以通过语音助手进行语音答题，系统会根据学生的回答情况，提供详细的评估报告和学习建议，帮助学生查漏补缺，提高学习效果。

（1）语音答题的实施

语音答题是智能语音助手在教学中的一个重要应用。学生可以通过语音助手进行各种类型的答题，例如选择题、填空题和简答题。系统会根据学生的语音回答进行自动评估，并提供即时反馈。例如，学生在学习《史记》中的一章节后，可以通过语音助手进行章节测验，语音助手会根据学生的回答情况，立即给予评分和反馈。这样，学生可以迅速了解自己的学习情况，识别薄弱环节并进行有针对性的复习。

（2）评估与个性化学习建议

智能语音助手不仅能够进行语音答题，还能对学生的学习情况进行全面评估，并提供个性化的学习建议。例如，学生在完成《史记》相关章节的学习后，语音助手可以根据其答题情况，生成详细的评估报告，指出学生的强项和弱项。基于这些评估结果，语音助手可以推荐相应的学习资源和练习题目，帮助学生巩固知识，提升学习效果。此外，语音助手还可以记录学生的学习进展，提供持续的学习建议，帮助学生制定科学合理的学习计划，实现持续进步。

第四章 数字时代的文学创作与表达

第一节 学生文学创作的数字支持

一、提供多种数字工具支持学生文学创作

（一）文字处理软件的应用

1.便捷的文字编辑功能

在数字时代，文字处理软件的广泛应用为学生文学创作带来了巨大便利。这些软件，如 Microsoft Word 或 Google Docs 等，提供了丰富而便捷的文字编辑功能，使得学生能够以更加高效的方式进行文学作品的创作和修改。这种便捷的文字编辑功能不仅为学生提供了一个方便的创作平台，也为他们探索和表达内心世界提供了极大的支持。

首先，这些文字处理软件提供了简洁直观的用户界面，使得学生能够轻松上手，并迅速熟悉各项功能。通过简单的操作，学生可以快速地创建新文档，进行文字输入，并对文字内容进行编辑。这种直观的操作方式极大地提高了学生的工作效率，让他们更加专注于创作本身，而非被繁琐的操作所干扰。其次，文字处理软件提供了丰富的编辑功能，使得学生能够自如地进行文字的添加、删除、修改等操作。学生可以随时随地对文学作品进行修改和调整，不受时间和空间的限制。这种灵活性和便利性让学生能够更加自由地发挥创作想象力，打破思维的局限，创作出更加富有个性和深度的作品。此外，文字处理软件还提供了丰富的格式调整功能，包括字体、字号、段落格式、排版样式等。学生可以根据自己的喜好和需要，对文学作品进行个性化的排版和装饰，使其更加美观和吸引人。这种

个性化的排版不仅能够提升作品的艺术表现力，还能够凸显学生的创作风格和个性特点。

2.灵活的排版工具

除了文字编辑功能外，现代文字处理软件还提供了灵活的排版工具，为学生提供了丰富的设计选择和优化排版的可能性。这些排版工具不仅使学生能够对文学作品的版面进行设计和调整，还能够增强作品的可读性、美感和艺术性，从而提升作品的整体质量和表现力。

首先，文字处理软件提供了多样化的字体选择功能，使学生能够根据作品的主题、风格和目标读者群体选择合适的字体。不同的字体具有不同的视觉效果和情感表达，通过巧妙地选择字体，学生可以更好地传达作品的主题和情感内涵。此外，软件还提供了字号、字间距、行间距等排版参数的调整功能，使学生能够根据实际需要对文字的大小和间距进行灵活调整，使作品的版面更加舒适和美观。其次，文字处理软件提供了丰富的段落格式设置功能，使学生能够对段落的缩进、对齐、行距等进行灵活调整。通过合理设置段落格式，学生可以使作品的结构更加清晰和有序，提升读者的阅读体验。例如，通过合理的段落缩进和对齐设置，可以使段落之间的关系更加紧密，逻辑更加清晰；通过调整行距，可以增加作品的通透感和舒适度，提高阅读的流畅性和愉悦性。此外，文字处理软件还提供了丰富的排版样式和模板选择功能，使学生能够快速应用各种专业设计的排版样式和模板，节省排版设计的时间和精力。学生可以根据实际需要选择合适的排版样式和模板，快速创作出具有专业水准和艺术感染力的文学作品。这种便捷而灵活的排版工具为学生提供了丰富的设计选择和优化排版的可能性，极大地丰富了文学创作的表现形式和艺术效果。

（二）创意写作应用的运用

1.专业的写作环境

创意写作应用在学生文学创作中扮演着重要的角色，它们不仅提供了丰富的写作环境，还具备了一系列专业的功能，为学生的创作提供了全面的支持和帮助。这些专业的写作环境不仅能够提高学生的创作效率，还能够促进其创作思维的深入和拓展，从而提升作品的质量和表现力。首先，创意写作应用提供了多样化的写作模式和界面布局，使学生能够根据自己的习惯和需求自由选择合适的写作环境。例如，这些应用通常提供了经典的文本编辑界面和独特的全屏写作模式，以及支持多窗口分屏、实时预览等功能，满足了学生在不同写作阶段的不同需求，提供了舒适、灵活的写作体验。其次，创意写作应用提供了专业的文档管理和组织功能，使学生能够更好地管理和组织创作内容。这些应用通常支持多级目录结构、文件夹分类、标签管理等功能，帮助学生对文学作品进行系统化和有序化的组织，从而更好地把握作品的结构和脉络，提高创作的逻辑性和连贯性。另外，创意写作应用还提供了强大的笔记整理和收集功能，为学生提供了方便的创意激发和素材积累的平台。学生可以在应用中记录灵感、采集素材、整理笔记，随时随地捕捉创作灵感，为作品的创作提供源源不断的灵感和素材支持，从而提高作品的深度和丰富度。创意写作应用还提供了专业的写作目标设定和跟踪功能，帮助学生制定合理的创作目标和计划，并监督和评估自己的创作进度和效果。这些功能不仅能够提高学生的创作效率，还能够促进其创作意识和自我管理能力的提升，从而更好地实现自我价值和创作目标。

2. 创意激发功能

创意激发功能是创意写作应用中的重要组成部分，它为学生提供了丰富多样的创作启发和灵感激发方式，有助于学生打破创作瓶颈，激发创作灵感，从而提升创作效率和质量。这些功能不仅在形式上多样化，还在内容上丰富多彩，为学生提供了广阔的创作空间和无限的想象力。首先，创意写作应用中的写作模板是一种常见的创意激发方式。这些模板涵盖了各种文学类型和主题，例如小说、诗歌、剧本等，以及不同的写作风格和结构，例如叙事、抒情、幽默等。学生可以根据自己的创作需求和兴趣选择合适的模板，快速启动创作过程，避免从零开始，从而提高创作效率和质量。其次，创意写作应用中的随机生成器是另一种常见的创意激发方式。这些生成器可以随机生成各种元素，例如角色名字、场景描述、情节设定等，为学生提供新鲜的创作灵感和思路。学生可以通过不断点击生成器，探索和发现不同的创作元素，从而拓展创作思路，丰富作品内容，提升创作的创新性和独特性。除此之外，创意写作应用还提供了其他形式的创意激发功能，例如创意卡片、创意挑战等。创意卡片是一种通过随机抽取或自定义设置的卡片，上面记录着各种创作提示、情节设定、角色设定等，为学生提供了丰富的创作素材和启发。而创意挑战则是一种通过设定创作目标、限制条件等，挑战学生创作能力和想象力的活动，有助于学生超越自我，突破创作的局限，开阔创作的视野。

（三）绘图软件的辅助

1. 插图和视觉表达

在当今数字时代，文学创作不再局限于文字的表达，插图和视觉表达作为辅助手段已经成为文学作品的重要组成部分。绘图软件如 Adobe Illustrator、Procreate 等为学生提供了丰富多彩的插图和视觉表达工具，使他们能够通过图像的方式增强作品的表现力和艺术感染力。首先，插图和视觉表达为文学作品增添了生动的视觉效果。文字可以通过插图的形式得到直观而形象的呈现，使读者更容易理解和感受作品所描绘的场景和情节。图像的表现力和视觉冲击力使作品更加生动、形象化，能够吸引读者的注意力，激发他们的阅读兴趣，从而提升作品的影响力和感染力。其次，插图和视觉表达丰富了作品的艺术感染力。绘图软件提供了各种各样的绘画工具和效果，学生可以根据作品的主题和氛围选择合适的绘画风格和色彩搭配，创作出富有艺术感染力的插图作品。通过图像的表现手法和艺术效果，学生可以传达更加丰富和深刻的情感和意义，使作品具有更高的艺术品质和审美价值。此外，插图和视觉表达还可以拓展文学作品的表现形式。在数字时代，图像不仅仅是文字的辅助，还可以成为文学作品的重要组成部分，与文字相互交织，共同构建丰富多彩的作品世界。学生可以通过插图和视觉表达，将文字和图像相结合，创作出更加多样化、立体化的文学作品，从而丰富了文学创作的表现形式和传播方式。

2. 丰富的设计选择

绘图软件所提供的丰富设计选择和创作工具为学生提供了广泛而灵活的创作空间，使他们能够在创作过程中充分发挥想象力和创造力。这些工具包括各种各样的画笔、调色板、滤镜等，为学生创作插图和图像提供了丰富多样的选择和可能性。首先，绘图软件提供了多样化的画笔和绘画工具，使学生能够根据作品的需要选择合适的画笔类型和线条样式。不同类型的画笔如铅笔、毛笔、钢笔等，以及各种特效和纹理，为学生提供了丰富多样的绘画方式和效果，从而满足了不同风格和表现需求的作品创作。其次，调色板是绘图软件中的重要功能之一，它提供了各种颜色和色彩搭配的选择，使学生能够根据作品的主题和情感氛围进行精准的色彩设计和调配。通过调色板，学生可以自由地调整图像的色调、亮度和对比度，使作品的色彩更加丰富和生动，从而增强了作品的视觉吸引力和艺术表现力。此外，滤镜功能也是绘图软件中的一大亮点，它为学生提供了各种特效和滤镜效果，如模糊、锐化、素描等，可以为图像添加特殊的视觉效果和艺术风格。学生可以根据作品的需要，灵活运用这些滤镜效果，使作品更加个性化和独特，从而展现出自己的创意和审美追求。

二、激发学生的创作热情和创新能力

（一）自由表达的空间

1.数字工具的多样化支持

数字工具的多样化支持为学生提供了丰富而灵活的创作空间，从而促进了文学创作的多样性和创新性。这些工具不仅仅是简单的应用软件，更是创作过程中的良师益友，为学生提供了各种创意激发和灵感挖掘的机会。

首先，文字处理软件和创意写作应用的多样化写作模式为学生提供了丰富的创作选择。学生可以根据作品的需要选择不同的写作模式，例如小说、诗歌、散文等，从而更好地适应不同类型文学作品的创作需求。这种多样化的写作模式不仅有助于学生锻炼多种文体的写作能力，还能够拓宽其创作视野，丰富其文学创作的形式和风格。其次，创意激发功能是数字工具中的一大亮点，它为学生提供了丰富的创作灵感和创意启发。随机生成器、写作模板等功能可以帮助学生突破创作瓶颈，快速找到灵感来源，从而提升创作效率和质量。通过这些功能，学生可以从不同的角度和维度思考问题，挖掘更多的创作可能性，为文学创作注入新的活力和动力。此外，数字工具还提供了丰富的字体、排版和格式选择，使学生能够根据作品的需要进行个性化的设计和调整。学生可以自由地选择字体样式、大小和颜色，进行排版和格式调整，使作品呈现出更加美观、清晰和具有个性化的视觉效果。这种个性化的排版和格式设计不仅有助于提升作品的美感和可读性，还能够凸显学生的创作特色和风格。

2.解放创作思维

传统的写作方式和形式不再束缚他们，而是被更广阔、更自由的创作空间所取代。这种自由的创作环境不仅为学生提供了丰富多样的创作元素，还激发了他们内在的创造力和想象力。首先，数字工具赋予了学生更多的创作选择。他们可以根据自己的喜好和需求，灵活地选择文字、图片、音频等元素，创作出独具个性和创意的作品。无论是文字故事、图像小说，还是声音诗歌，学生都可以根据自己的创作意图和审美追求，自由组合各种媒体元素，实现多样化的创作表达。其次，数字工具为学生提供了更加直观、便捷的创作过程。传统的纸笔写作方式可能会受到版面限制和纸张资源的浪费，而数字工具则能够让学生在电子屏幕上随心所欲地编辑、调整作品，实现创作的实时反馈和互动修正。这种实时的创作体验不仅提高了学生的创作效率，还增强了他们的创作自信和积极性。此外，数字工具为学生提供了广阔的创作舞台和受众群体。通过互联网平台和社交媒体，学生可以将自己的作品分享给全球范围内的观众，获得来自不同地域、不同文化背景的反馈和评论。这种跨越时空的创作交流不仅拓宽了学生的创作视野，还促进了他们与他人的跨文化交流和合作。

（二）互动与反馈的促进

1. 分享与交流平台

在数字时代，分享与交流平台成为学生文学创作中不可或缺的一部分。这些平台不仅为学生提供了展示作品的舞台，更是促进学生之间交流互动、分享经验和观点的重要场所。

（1）社交媒体

社交媒体平台学生提供了广泛的社交网络，使他们能够与全球范围内的读者和创作者建立联系。学生可以在这些平台上发布自己的文学作品，与他人分享创作经历和心得体会，获取来自不同文化背景和专业领域的反馈和评论。通过社交媒体，学生不仅可以扩大自己的影响力和社交圈子，还能够从他人的观点和建议中获益，提升自己的文学创作水平。

（2）在线写作社区

在线写作社区是专门为文学创作者提供的平台，旨在让他们分享自己的创作作品、交流创作经验，并与其他创作者建立联系。这些社区提供了丰富的创作资源和专业的编辑工具，使学生能够更加便捷地展示自己的作品，吸引更多读者和关注。同时，学生还可以在这些社区中参与各种创作比赛、活动，与其他创作者互动交流，共同提升创作技巧和水平。

（3）学术论坛和研讨会

针对文学领域的学术论坛和研讨会也是学生分享与交流的重要平台。这些论坛和研讨会聚集了众多文学爱好者和专业人士，学生可以在这里展示自己的研究成果、讨论学术问题，与同行进行深入的学术交流和探讨。参与学术论坛和研讨会不仅有助于学生拓宽学术视野，还能够提升他们的学术表达能力和论证能力，为将来从事学术研究或从事文学创作工作打下良好的基础。

2. 实时反馈与修正

在数字时代，实时反馈与修正成为学生文学创作中至关重要的环节。这种机制不仅提供了即时的评价和建议，更为学生提供了改进和提升作品的机会。

（1）及时了解他人评价

数字工具为学生提供了渠道，使他们能够迅速了解他人对自己作品的评价和观点。无论是在社交媒体上发布作品，还是参与在线写作社区的讨论，学生都可以通过实时的评论和反馈了解到读者的反映。这种及时了解他人评价的机制，为学生提供了宝贵的反馈信息，有助于他们全面地审视自己的作品，发现其中的优点和不足之处。

（2）发现作品的不足之处

通过他人的评论和反馈，学生可以更客观地看待自己的作品，并发现其中存在的问题和不足之处。这些问题可能涉及情节安排、人物塑造、语言表达等方面，而实时的反馈可以帮助学生更准确地定位问题所在，从而有针对性地进行修正和改进。例如，如果多位读者反映作品的情节发展过于匆忙，学生就可以考虑对情节进行适当调整，增加铺垫和发展空间，以提升作品的连贯性和逻辑性。

（3）提高作品的质量和水平

通过及时地反馈和修正，学生有机会不断完善自己的作品，提高其质量和水平。在数字时代，学生可以利用各种工具和平台，快速获取来自不同读者和创作者的意见和建议，从而不断优化作品，使之更加完美和具有吸引力。这种持续的修正和改进过程，有助于培养学生的批判性思维和创新意识，提升其文学创作能力和专业水平。

第二节　数字工具在文学表达中的作用

一、利用数字工具丰富文学表达形式

（一）文字表达的多样性

1. 字体、排版和格式选择的丰富性

数字工具中的文字处理软件为学生提供了丰富多样的字体、排版和格式选择，极大地丰富了文学创作的表达形式和美学效果。这些丰富性的选择不仅使得学生能够更好地展现作品的个性和风格，还能够增强作品的艺术感和阅读体验。

首先，字体的选择是文学创作中重要的一环。数字工具提供了各式各样的字体供学生选择，包括传统的宋体、黑体，以及更加艺术和个性化的手写字体、艺术字体等。学生可以根据作品的主题和情感特点选择适合的字体，从而突出作品的氛围和情感色彩。例如，选择华文行楷字体可以为古风文学作品增添一份古典的雅致，而选择草书字体则能够为作品注入一份书法的韵味和风情。其次，排版的灵活性也为学生提供了丰富的创作可能。文字处理软件提供了多种排版方式，包括对齐方式、行距调整、段落缩进等，使学生能够根据作品的需要进行灵活调整。通过合理的排版设计，学生可以使作品呈现出更加美观和专业的外观，增强读者的阅读体验和沉浸感。此外，格式的丰富选择也为学生提供了更多的创作可能。软件提供了各种格式选项，如字号、加粗、斜体、下划线等，使学生能够根据需要对作品的格式进行细致调整。通过合理的格式设置，学生可以使作品的结构更加清晰，突出重点，提升作品的可读性和表现力。

2. 创意写作工具的应用

创意写作应用的应用对学生的文学创作起到了重要的辅助作用，提供了丰富的创作模板和工具，有助于他们更加高效地进行写作，提高作品的质量和创作效率。

首先，创意写作应用提供了各种创作模板，为学生提供了写作的蓝图和框架。这些模板可以包括小说结构模板、情节构思模板等，帮助学生在写作之初就能够有条理地规划作品的结构和情节，避免在创作过程中迷失方向。例如，一部小说结构模板可能包括开头、起承转合、高潮、结局等部分，指导学生将故事按照一定的逻辑和结构进行组织，从而使作品更加完整和有层次感。其次，创意写作应用提供了各种写作工具，如目录导航、标签管理等功能，帮助学生更好地管理和整理作品。通过目录导航功能，学生可以快速定位和跳转到作品的各个章节和片段，便于查阅和修改；而标签管理功能则可以帮助学生对作品进行分类和归档，使得作品的管理更加有序和清晰。这些工具的应用有助于提升学生的写作组织性和连贯性，使得作品更加易读和易理解。

除此之外，创意写作应用还可能提供其他辅助功能，如写作目标设定、实时统计等，帮助学生更好地把握创作进度和目标，提高写作的效率和成果。例如，学生可以设定每天的写作目标和计划，应用会根据学生的实际情况进行统计和提醒，促使学生保持写作的持续性和动力，从而更好地完成作品。

（二）图像表达的艺术性

1. 绘图软件的应用

绘图软件的应用在学生文学创作中扮演着重要的角色，为他们提供了丰富的创作可能性和艺术表达途径。通过绘图软件，学生能够以图像的方式呈现文学作品中的情节和意象，为作品增添视觉元素和艺术感染力，从而提升作品的表现力和吸引力。

首先，绘图软件为学生创作插图提供了便捷的平台。学生可以利用绘图软件的各种绘画工具和素材库，创作出精美细致的插图，用以呈现文学作品中的人物形象、场景背景等要素。通过绘图软件的绘画功能，学生能够表达自己对作品中情节和意象的理解和想象，赋予作品更加生动和具体的视觉形象。其次，绘图软件的灵活性和创作工具丰富性为学生提供了广阔的创作空间。软件中提供的各种画笔、颜色调色板、滤镜效果等功能，使学生能够根据作品的风格和表现需求，灵活运用不同的绘画技巧和样式，创作出符合作品主题和情感氛围的插图。例如，学生可以选择使用水彩笔触来表现作品中的柔和情感，也可以使用铅笔或钢笔工具描绘作品中的细节和纹理，以此丰富插图的表现形式和艺术效果。此外，绘图软件还提供了丰富的图像处理和编辑功能，使学生能够对插图进行后期处理和修饰，进一步提升作品的视觉效果和艺术感染力。学生可以通过调整色彩、对比度、亮度等参数，优化插图的视觉效果，使其更加生动和吸引人。同时，软件中的图层管理、变形工具等功能也为学生提供了对插图进行深度编辑和定制的可能性，使其能够实现更加个性化和专业化的创作目标。

2. 图像处理工具的运用

图像处理工具在学生文学创作中扮演着不可或缺的角色，为他们提供了丰富的创作资源和表达方式。通过这些工具，学生可以对插图和其他图像元素进行精细化处理和修饰，以达到更好地呼应作品主题和情感表达的目的。

首先，图像处理工具提供了多样化的剪裁和修饰功能，使学生能够对插图进行精细化的调整和改进。例如，学生可以通过剪裁工具裁剪图像的边缘，使其更符合作品的版面需求和视觉效果；同时，修饰工具如修复刷、修饰笔等也能够帮助学生去除图像中的瑕疵和不必要的细节，使插图更加清晰和精致。其次，图像处理工具提供了丰富的滤镜和特效效果，为学生提供了丰富的艺术表现手段。学生可以通过应用各种滤镜效果，如素描、油画、水彩等，为插图赋予不同的艺术风格和情感表达。这些滤镜和特效效果能够增强插图的艺术感和情感表达力，使其更具有视觉冲击力和艺术感染力。此外，图像处理工具还提供了丰富的色彩调整功能，使学生能够调整插图的色彩和对比度，以增强其视觉效果和表现力。学生可以根据作品的主题和情感需要，调整插图的色调和色彩饱和度，使其更好地与作品的整体风格和氛围相呼应，从而提升作品的整体质感和艺术品位。

（三）音频表达的情感传递

1.音频录制工具的应用

首先，音频录制工具为学生提供了录制朗诵的平台，使他们能够通过声音将作品中的文字情感和意境传递给听众。学生可以通过朗诵的方式，将作品中的故事情节、人物形象以及情感体验生动地展现出来。通过声音的节奏、语调和情感表达，学生能够使作品更加生动、具体，让听众更加深刻地感受到作品所要传达的情感和思想。其次，音频录制工具还可以用于配乐，为文学作品增添音乐的氛围和情感色彩。学生可以选择合适的音乐配乐，根据作品的主题和情感需要进行配音，从而增强作品的艺术感染力和表现力。音乐的旋律、节奏和情感符合作品的节奏和情感氛围，能够让作品更具有吸引力和感染力，提升读者的阅读体验和情感共鸣。除此之外，音频录制工具还可以用于创作声音效果，为文学作品增添更多的生动感和真实感。通过添加背景音效、环境声音等元素，学生能够使作品更加生动、具体，让读者沉浸其中，感受到作品中所描述的场景和情境。

2.音频编辑工具的运用

首先，音频编辑工具可以用于对录音进行精细化的修剪和编辑。学生可以根据作品的需要，对录音进行切割、删除和调整，使其更加流畅和连贯。通过修剪录音中的多余部分或调整语速和节奏，可以使朗诵更加生动、抑扬顿挫，增强听众的阅读体验和情感共鸣。其次，音频编辑工具还可以用于对录音进行混音和效果处理。学生可以在录音中添加合适的音效、背景音乐和环境声音，增强作品的氛围和情感色彩。通过混合不同音频轨道，并对音频进行均衡、压缩和增益调整，可以使录音更具立体感和层次感，进一步提升作品的表现力和感染力。另外，音频编辑工具还提供了丰富多样的效果处理功能，如混响、合唱、失真等，可以为录音添加特殊的声音效果，丰富作品的音乐元素和艺术效果。通过运用这些效果，学生可以使录音更具个性化和艺术性，吸引听众的注意力，提升作品的艺术价值和美学体验。

（四）视频表达的生动呈现

1.视频剪辑工具的应用

首先，视频剪辑工具可以用于制作文学作品的短片。学生可以将文学作品中的关键场景和人物形象以影像的方式呈现出来，通过画面的表现力和语言来传达作品的情节和主题。通过剪辑、拼接、配乐等技术手段，将文学作品的情节和意境生动地呈现在观众面前，使其更加形象和感染力，进而深化读者对作品的理解和体验。其次，视频剪辑工具还可以用于制作文学作品的解读视频。学生可以通过解读视频的形式，对作品的背景、主题、情节等进行解说和分析，帮助读者更好地理解和欣赏文学作品。通过配合文字、图片、音频等多种媒介元素，将作者的创作意图和思想表达清晰地传达给观众，提升作品的解读深度和广度。此外，视频剪辑工具还可以为文学作品注入更多的创意和想象。学生可以通过视频的形式进行创意演绎，对作品中的场景、角色进行重新构想和演绎，展示自己对文学作品的理解和想象，为作品赋予新的生命和意义。

2. 视频特效和剪辑技巧的运用

（1）转场效果的运用

转场效果在视频剪辑中扮演着至关重要的角色，它不仅仅是简单的过渡手段，更是提升视频质量和表现力的关键工具之一。学生在运用转场效果时，需要考虑作品的情节、节奏和主题，选择合适的转场效果来实现场景之间的流畅过渡，从而增强作品的视觉吸引力和观赏体验。

一种常见的转场效果是淡入淡出，它能够使得场景之间的过渡更加柔和和自然。淡入淡出效果适用于情感温柔、氛围渐变的场景过渡，例如，从一个场景逐渐过渡到另一个场景时，通过淡入淡出效果，可以让过渡更加平滑，不会让观众感到突兀。此外，剪切效果也是常用的转场手段，它能够通过直接的切换方式实现场景之间的转换，适用于情节紧凑、节奏明快的场景过渡，能够让观众更加集中地关注到剧情的发展和转折。

除此之外，擦除效果也是一种常见的转场方式，它通过一种擦除的动作来实现场景之间的切换，通常用于呈现一种清晰明了的转场效果。擦除效果适用于需要强调场景之间关联性的情节，能够让观众更加清晰地理解和感知到场景的转换。

在选择转场效果时，学生需要根据作品的需要和自己的创作意图来进行选择，并灵活运用各种转场效果来实现作品的情感表达和视觉效果。通过合理运用转场效果，学生可以使得视频剪辑作品更加生动、流畅和具有观赏性，为观众带来更加丰富和深刻的视觉体验。

（2）镜头运动的设置

镜头运动技巧在视频制作中是至关重要的，它可以使画面更加生动、丰富，并增强作品的戏剧性和吸引力。学生可以通过合理运用镜头运动来突出作品中的重要场景或情节，从而提升作品的表现力和观赏性。

一种常见的镜头运动技巧是追焦，即通过改变焦点来跟随场景中的移动对象，使观众的视线始终集中在关键的对象或角色身上。追焦技巧适用于追踪行进中的人物或物体，可以使得画面更加清晰、准确地呈现出对象的动态变化，增加观众的参与感和代入感。另一种常见的镜头运动技巧是拉近和拉远，通过改变焦距来调整画面的大小和比例，使观众能够更加直观地感受到画面中的距离和关系。拉近效果可以使得观众更加贴近画面中的细节和情感，增强紧张感和戏剧性；而拉远效果则可以展示更广阔的画面，增加场景的氛围和视觉冲击力。此外，还有一些其他的镜头运动技巧，如平移、旋转、俯视等，可以根据作品的需要和创作意图进行选择和运用。通过合理设置镜头运动，学生可以使得作品更加生动、具有张力，并更好地传达作品的情感和主题，为观众带来更加丰富和深刻的视听体验。

（3）文字与图像、音频的融合

将文字、图像和音频融合在一起是一种极具创意和表现力的方式，能够为作品带来丰富的视听体验，同时增强作品的表现力和情感色彩。学生可以通过特效处理和合成技术将这三种元素有机地结合起来，创造出具有独特魅力的多媒体作品。

一种常见的融合方式是通过文字动画效果将文字以动态的方式呈现在画面中。文字动画可以是文字的出现、消失、移动、缩放等特效，通过这些动态效果，文字可以更生动地展现出作品的情节、情感或主题，增强观众的视觉体验和阅读感受。同时，配合合适的音效和音乐，可以进一步强化作品的氛围和情感表达，使得作品更具感染力和艺术性。

另一种融合方式是将文字与图像相结合，创造出更加丰富和生动的画面效果。例如，可以将文字叠加在图像上，形成视觉和文字的双重表达；或者利用图像的背景作为文字的底纹，增强文字的呈现效果；还可以通过文字与图像的交错排列或对比呈现，创造出更加富有层次感和表现力的画面效果。

同时，音频也是不可或缺的元素，可以通过配乐、音效等方式与文字和图像相融合。音乐的节奏和情感可以与文字和图像相互呼应，增强作品的整体氛围和情感表达，使得观众在欣赏作品的同时能够获得更加丰富和深刻的感受。

二、推动文学创作的多样化和个性化发展

（一）个性化的创作方式

1. 兴趣和特长的个性选择

数字工具的广泛应用为学生提供了丰富多样的创作方式和形式选择的机会，

使他们能够根据自己的兴趣和特长进行个性化的创作表达。这种个性化选择不仅丰富了文学创作的形式和内容，还激发了学生的创作热情和创新能力。首先，针对擅长绘画的学生，绘图软件或手绘笔记本成为他们进行文学创作的理想工具之一。通过这些工具，他们可以将自己的想法和情感用图像的形式进行表达，创作出充满艺术感染力的插图。这些插图不仅可以作为作品的视觉元素，还可以通过绘画的方式表达作品中的情节和意象，为文学作品增添独特的视觉魅力和表现力。另外，对于音乐爱好者来说，音频工具提供了创作配乐或录制朗诵的便捷平台。他们可以利用音频工具为文学作品注入个人的音乐风格和情感色彩，通过音乐的节奏和旋律来强化作品的情感表达和氛围营造。此外，通过朗诵的方式，音乐爱好者可以将作品中的文字转化为声音，通过声音的表达来增强作品的感染力和吸引力。

2. 工具和方式的个性化应用

个性化的创作方式在工具和方式的选择上体现得尤为明显。不同的学生可能根据自己的兴趣、技能和创作需求选择不同的数字工具，并运用各种创作方式来实现个性化的创作目标和表达方式。首先，在工具的选择上，学生可以根据自己的需求和偏好选择适合自己的数字工具。对于善于文字表达的学生，他们可能会倾向于使用文字处理软件或创意写作应用，以便更好地组织和编辑文字内容；而对于擅长绘画的学生，则可能会选择绘图软件或手绘工具，通过图像的方式表达自己的想法和情感；对于音乐爱好者来说，他们可能会选择音频编辑软件，以录制朗诵或创作配乐的方式为作品增添音乐的氛围和情感色彩。其次，在创作方式的选择上，个性化的应用也体现得淋漓尽致。有些学生可能更喜欢线上写作，通过键盘输入文字来构思和创作作品；而另一些学生则可能更倾向于手绘创作，通过纸笔或绘图板将自己的想法直接绘制出来；还有一些学生可能会选择音频朗诵的方式，通过声音的表达来传递作品中的情感和意境。这种多样化的创作方式使得每个学生都能够找到最适合自己的方式来进行创作，实现个性化的表达和创作目标。

（二）多样化的创作形式

1. 文字、图像、音频、视频的多元表达

（1）文字表达

文字的力量在文学创作中具有不可替代的地位。它不仅是传达情节、塑造人物性格以及表达情感的工具，更是作者与读者之间心灵沟通的桥梁，是思想交流和情感传递的媒介。文字的表达方式多种多样，从简单的叙述到复杂的象征，都可以在文学作品中得到体现。

在小说创作中，文字扮演着构建世界的重要角色。通过文字的描述，作者可以勾勒出丰富的场景和细腻的情感，使读者仿佛置身于故事中的现场。例如，通过对细节的描绘，如气氛的营造、人物的形象塑造以及情感的表达，小说作品可以更加生动地展现出故事的情节和主题。同时，文字还可以用来创造虚构的世界和人物，使读者可以逃离现实，沉浸于文学作品的想象之中。

诗歌是文字表达的另一种形式，它强调语言的节奏和音韵，通过精练而富有张力的语言，表达作者内心深处的情感和思想。诗歌的语言通常具有高度的象征性和抽象性，通过意象和隐喻的运用，传达出丰富的内涵和情感。例如，诗人可以通过对自然景物的描绘，表达出对生命的感悟和对世界的思考，使诗歌作品充满了诗意和哲理。

散文则是文字表达中的另一种形式，它更注重于对现实生活的观察和思考，通过平实而真实的语言，展现出生活的多彩和丰富。散文可以是记叙性的，叙述作者的生活经历和感受；也可以是议论性的，表达作者对社会、人生、文化等议题的见解和观点。无论是哲思抒情还是议论，散文作品都以其独特的视角和深刻的思考吸引着读者的目光，引发人们对生活的思考和感悟。

（2）图像表达

图像表达的形式多种多样，从手绘插图到数字绘画，从简笔画到逼真的油画，都可以成为文学作品的视觉呈现方式。首先，图像作为一种直观的表达方式，可以为作品中的场景、人物形象和情感表达提供生动而具体的展示。通过绘制精美的插图或漫画，学生可以将作品中的故事情节和角色形象立体地呈现在读者面前，使读者更容易地理解和感受故事的内容和情感。其次，图像表达还可以为文学作品增添丰富的情感色彩和艺术感染力。通过色彩、线条和构图的运用，学生可以表达出作品中所蕴含的情感和思想，使读者在欣赏图像的同时深刻感受到作品所要传达的内涵和情感。此外，图像表达还可以为文学作品赋予独特的风格和个性。每位学生都有自己独特的绘画风格和审美趣味，通过图像的创作，他们可以展现出自己的艺术特点和个性魅力，为作品注入新颖而独特的艺术气息。最后，图像表达也为文学作品的传播和分享提供了更多的可能性。在数字时代，图像可以轻松地在社交媒体、网络平台上分享和传播，吸引更多的读者关注和欣赏。通过图像作品的分享，学生可以与更广泛的读者群体进行交流和互动，获得更多的反馈和鼓励，从而不断提升自己的创作水平和艺术表现力。

（3）音频表达

音频作为一种重要的艺术表达形式，在文学创作中扮演着不可或缺的角色。通过声音的传播，音频能够深入人心地传递作品中的情感、情绪和意境，为文学作品增添丰富的层次和表现力。首先，音频表达可以通过朗诵的形式，将作品中的文字转化为声音，为作品赋予生动的声音形象和情感色彩。学生可以通过朗诵的艺术表现，准确地传达作品中的语调、节奏和情感变化，使听者更加直观地感受到作品所蕴含的内涵和情感。其次，音频表达还可以通过配乐的方式为文学作品注入音乐的氛围和情感色彩。通过选取合适的音乐作品或自行创作音乐配乐，学生可以为作品营造出与情节和情感相符的音乐氛围，增强作品的艺术感染力和感染力。此外，音频表达还可以通过声音效果的运用丰富作品的表现形式和表达效果。通过添加合适的声音效果，如自然环境的声音、人物的呼吸声等，学生可以增强作品的真实感和代入感，使听者更加沉浸于作品的世界之中。最后，音频表达也为文学作品的传播和分享提供了更多的可能性。在数字时代，音频可以轻松地在网络平台上分享和传播，吸引更多的听众关注和欣赏。通过音频作品的分享，学生可以与更广泛的听众群体进行交流和互动，获得更多的反馈和鼓励，从而不断提升自己的创作水平和艺术表现力。

（4）视频表达

视频作为一种多媒体表达形式，在文学创作中扮演着重要的角色。它将图像、音频和文字融合在一起，以视听的方式呈现作品的情节、人物形象和情感表达，为文学作品注入了更加丰富和生动的表现力。首先，视频表达通过影像的语言传达作品的情节和主题。学生可以利用视频剪辑工具将文字、图像和音频有机地结合在一起，通过镜头的运动、画面的切换和音频的配合，展现作品中的关键场景和人物形象，呈现作品的情节和主题，使观众能够更加直观地理解和感受作品所要传达的信息和情感。其次，视频表达为文学作品提供了更加生动和具有感染力的呈现方式。相比于单一的文字或图像表达，视频作为一种多媒体形式，能够以更加直观和立体的方式展现作品的内容和情感，使观众更容易被作品所吸引和打动。通过图像的丰富和音频的情感渲染，视频作品能够给观众带来更加深刻和持久的艺术享受和情感体验。此外，视频表达还为学生提供了创作空间和创意发挥的舞台。学生可以通过视频剪辑工具进行创意的发挥和创作的实践，尝试不同的拍摄手法、剪辑技巧和音频处理，从而提升自己的创作能力和表现水平。通过视频作品的创作，学生可以更好地理解和运用影像语言，培养自己的审美意识和创意思维，为未来的文学创作奠定坚实的基础。

2.多元化创作形式的艺术表达

在传统的文学创作中，文字往往是唯一的表达方式，但随着数字工具的广泛运用，学生可以通过结合多种表达形式，如图像、音频、视频等，实现对文学作品的多维度呈现和丰富阐释。

（1）多元化的创作形式丰富了文学作品的形式和内容

学生不再受限于传统的纯文本表达，而是可以通过图像、音频和视频等形式，将作品的情感、意境和故事情节呈现得更加直观和生动。通过插图、漫画等图像表达，学生能够将作品中的人物形象和场景描绘得更加具体和形象化；通过音频朗诵、配乐等声音表达，学生可以将作品中的情感和音乐感传递给听众；通过视频解读、微电影等视频表达，学生能够用影像的语言展现作品的情节和主题，让观众更加深入地理解和体验作品的内涵。

（2）多元化的创作形式提升了文学作品的表现力和感染力

通过结合多种表达方式，文学作品能够在视觉、听觉和情感上给读者带来更加丰富和深刻的体验。例如，当读者在阅读一篇小说时，通过插图的辅助，可以更直观地感受到作品中的场景和人物形象；当他们在朗诵声音作品时，可以更加深刻地感受到作品中的情感和音乐感；当他们观看与听觉、视频作品时，可以更加直观地感受到作品中的情节和主题，增强了对作品的理解和共鸣。

（3）多元化的创作形式激发了学生的创作潜能和创新意识

在尝试和探索不同的表达方式时，学生不仅可以锻炼自己的创作技巧和想象力，还能够发现自己的兴趣和特长，并进一步完善和提升自己的创作能力。通过多种形式的表达，学生能够更全面地发挥自己的创作才华，实现个性化和艺术性的文学表达，为文学创作的未来注入了新的活力和创意。

三、汉语言文学教学构建翻转课堂

（一）利用翻转课堂迁移基础学习内容，提升课堂教学针对性

作为一门最基础的核心学科，汉语是每个中国人自幼便开始学习且终身使用的语言，与之紧密相关的汉语言文学更是一项长期的系统性工程，需要充分时间积淀才能实现从量变到质变的飞跃。因此，仅仅是课堂上短短数十分钟的教学于汉语言文学的系统性而言只能是杯水车薪。且传统模式下标准课堂"一刀切"地

教学又无法顾及每个学生个性化的学习要求，因此新时期汉语言文学教学构建翻转课堂的首要策略，就是利用翻转课堂迁移基础学习内容，提升课堂教学针对性。也就是说，教材、课本上基础性、学识性的概念与内容都可以迁移到课外，利用线上平台制作成主题课件，由学生自行在课余时间自学。比如对新课内容进行预习，事先通读并结合教师的视频课件形成初步印象，再就其中出现的疑点、难点等问题进行归纳总结。待开始课堂教学时，学生可以将课外预习时发现的问题向教师询问，课堂上重点答疑解惑。如此一来，有限的课堂时间便能发挥出最关键的释疑作用，从而大幅提升教学的针对性和有效性。而在课后复习时，学生又可以结合视频课件进行巩固，并通过视频课件上附带的测试题目进行自检自测，从而实现预习和课堂学习内容的内化与固化。利用翻转课堂迁移基础学习内容不仅能够从根本上颠覆"填鸭"式教学的局限性，而且能够形成一人一策的个性化教学模式。学生在自学过程中发现自身缺陷和不足加以修正和弥补，且能不限次数地回看并复习，同时结合线上测试等方式逐步摸索一条最有效率、最能被接受和认同的规律与习惯。久而久之，过去被动灌输式学习便能够发展成主动探究式学习。而这恰恰是形成教育针对性的核心与重点。

（二）优化考核评价体系，丰富考试形式与内容

汉语言文学虽然缺少高度对应的职业或职务，然而各行各业都无法完全脱离这一专业而存在，其对现实职场的间接影响才是这一专业的价值与意义所在。因此，新时期汉语言文学的教学质量应当结合这种趋势特征，优化考核评价体系，丰富考试形式与内容。比如，在翻转课堂的视频测试环节模拟一家企业的文秘，要求结合一年来企业生产经营的成果撰写一篇年度工作总结。又如，假设一家广告公司接到某快销企业的产品推广需求，需要拟定一篇广告文案等。将汉语言文学的考核与真实职业相关联的考核不仅较一纸试卷更具挑战性，且从根本上避免了一些学生希望通过死记硬背蒙混过关的侥幸心理，有助于学生端正学习态度，从理论知识与实践技术两方面严格要求自己。

（三）分组合作提升学习自主性，培养终身学习意识和能力

汉语言文学的人文性来自悠久的历史和厚重的文化积淀，这些与时间相关的内在特点决定了这一专业的学习将伴随学习者终身，如同美酒愈陈愈香。因此，新形势下汉语言文学教学构建翻转课堂还需要分组合作提升学习自主性，培养终身学习意识和能力。这种合作式学习比较适合主题式探究，也就是教师利用视频课件为学生小组布置课后练习，采取多选主题形式，由学生小组自行商议并选择，

再由学生小组内成员自行安排分工，最后呈交学习报告或小组论文。分组合作的学习方式不仅有助于学生提高主动学习的积极性，且小组合作过程也是学生练习口头表达与文字表达的机会。加之小组合作也有利于学生培养团队精神与合作意识，这对未来的社会生产与工作同样是极大的助益与促进。

1. 汉语言文学教学的人文性与终身学习

汉语言文学的学习不仅是一种学科的学习，更是对中国文化、历史和思想的深入探索，是对人类智慧和情感的体验和领悟。因此，汉语言文学教学所具有的人文性特质，决定了其不仅是一段短暂的学习经历，更是一个贯穿终身的学习之旅，如同陈年美酒，愈陈愈香。

在汉语言文学的学习过程中，学生不仅仅是在学习知识，更是在感悟生活、品味人生。他们通过阅读古代文学经典，了解古人的思想和情感；通过分析现代文学作品，感受时代的脉搏和人性的沧桑。这种深入文学世界的体验和领悟，并不会因为学业的结束而停止，而是会伴随着他们的一生，不断地丰富和深化。就像陈年美酒，在岁月的沉淀中，味道会愈加浓郁，人生的历练也会使文学的体验更加丰富和深刻。

在新形势下，汉语言文学教学需要更加注重培养学生的终身学习意识和能力。这种终身学习意识并不是简单地停留在课堂上获取知识，而是一种持续不断地追求知识和智慧的心态和行动。教师应该引导学生建立正确的学习态度和方法，让他们明白学习是一种持续的过程，需要不断地积累、反思和提升。同时，学生也需要自觉地拓展学习的渠道和方式，积极参与各种形式的学习活动，不断丰富自己的知识和阅历，提升自己的综合素养和能力。

终身学习的重要性在于，它不仅能够使个体在不同阶段不断适应社会和工作的变化，还能够激发个体的创造力和创新精神，为个人的成长和发展提供持续的动力和支撑。因此，汉语言文学教学应当将终身学习的理念融入课堂教学和学校教育的方方面面，努力培养具有扎实文学素养和终身学习意识的新时代人才，为国家和社会的发展作出积极的贡献。

2. 分组合作与学习自主性的提升

汉语言文学教学中，分组合作是一种非常有效的教学方法，它能够充分调动学生的学习积极性和主动性，提升他们的学习自主性和团队合作能力。特别是在翻转课堂的教学模式下，分组合作更是具有重要的意义和价值。首先，分组合作可以激发学生的学习兴趣和积极性。通过让学生自主选择感兴趣的主题，他们可以更加投入到学习中去，因为他们所选择的主题是符合他们自身兴趣和需求的。这样一来，学生会更加主动地参与到学习过程中，积极思考和探索，从而提高学习效果。其次，分组合作能够促进学生的学习自主性和自主学习能力。在小组内，学生可以自行商议并选择学习方法和学习内容，自主安排学习时间和学习任务。他们可以根据自己的学习进度和能力进行分工合作，相互协助，共同完成学习任务。这种学生主导的学习过程有利于培养学生的自主学习意识和能力，让他们在学习中发挥更大的主动性和创造性。此外，分组合作还能够培养学生的团队合作能力和沟通能力。在小组内，学生需要相互合作、协调配合，共同解决学习中的问题和困难。这种合作模式有助于培养学生的团队精神和合作意识，提高他们的沟通能力和协作能力。在实际工作和生活中，这些能力都是非常重要的，能够帮助学生更好地适应社会的发展和变化。

3. 分组合作与团队精神的培养

在汉语言文学教学中，分组合作是一种非常有效的教学方法，它能够充分调动学生的学习积极性和主动性，提升他们的学习自主性和团队合作能力。特别是在翻转课堂的教学模式下，分组合作更是具有重要的意义和价值。首先，分组合作可以激发学生的学习兴趣和积极性。通过让学生自主选择感兴趣的主题，他们可以更加投入到学习中去，因为他们所选择的主题是符合他们自身兴趣和需求的。这样一来，学生会更加主动地参与到学习过程中，积极思考和探索，从而提高学习效果。其次，分组合作能够促进学生的学习自主性和自主学习能力。在小组内，学生可以自行商议并选择学习方法和学习内容，自主安排学习时间和学习任务。他们可以根据自己的学习进度和能力进行分工合作，相互协助，共同完成学习任务。这种学生主导的学习过程有利于培养学生的自主学习意识和能力，让他们在学习中发挥更大的主动性和创造性。此外，分组合作还能够培养学生的团队合作能力和沟通能力。在小组内，学生需要相互合作、协调配合，共同解决学习中的问题和困难。这种合作模式有助于培养学生的团队精神和合作意识，提高他们的沟通能力和协作能力。在实际工作和生活中，这些能力都是非常重要的，能够帮助学生更好地适应社会的发展和变化。

第三节 线上写作社区与分享平台

一、构建线上写作社区促进学生交流与分享

在数字时代，线上写作社区成为学生交流与分享的重要平台。这些社区为学生提供了一个开放的网络空间，在这里他们可以分享自己的文学作品、观点和创作经验，与其他志同道合的学生进行互动和交流。

（一）平台功能的多样性

1. 发布作品功能

线上写作社区为学生提供了一个便捷的平台，可以轻松地发布自己的文学作品。通过这一功能，学生可以将自己的创作成果分享给社区的其他成员，展示自己的文学才华，同时也能够获得来自其他成员的反馈和评价。

2. 评论互动功能

除了发布作品外，线上写作社区还设有评论互动功能，允许用户对其他成员的作品进行评论和互动。学生可以在这个平台上与他人进行文学作品的讨论，分享自己的阅读体验和观点，从而拓宽自己的文学视野，加深对文学作品的理解。

3. 在线讨论功能

线上写作社区还设有在线讨论功能，允许学生就特定的话题展开讨论，并与其他成员进行交流。这种功能能够促进学生之间的思想碰撞和观点交流，帮助他们更深入地理解文学作品的内涵和意义，同时也能够促进他们的创作能力和思维能力的提升。

（二）交流与分享的重要性

1. 提升创作能力和成长

通过参与线上写作社区，学生能够与来自不同地区和背景的同行进行交流与分享，获得他们的反馈和建议。这种交流与分享不仅可以帮助学生发现自己作品的不足之处，提升创作水平，还可以拓宽学生的文学视野，激发新的创作灵感，促进个人创作能力的不断成长。

2. 拓宽视野和汲取灵感

通过与其他成员的交流与分享，学生可以接触到各种不同风格和风貌的文学

作品，拓宽自己的文学视野。这种多元化的文学交流可以让学生接触到不同文化背景和文学传统，从中汲取灵感和启发，丰富自己的创作素材，提升文学创作的质量和深度。

二、培养学生的合作意识和团队精神

线上写作社区不仅促进了学生个体之间的交流与合作，也有助于培养学生的合作意识和团队精神。在社区中，学生可以参与到各种合作项目和活动中，与他人共同创作文学作品，分享创作经验，共同解决问题。

（一）合作项目与活动

1. 集体创作项目

线上写作社区经常组织集体创作项目，邀请学生共同参与创作某一文学作品。在这样的项目中，学生们可以共同讨论故事情节、人物塑造、语言表达等方面，相互启发、补充，形成一个整体的文学作品。通过这样的合作，学生不仅能够学习到与他人合作创作的技巧，还能够体会到团队协作的乐趣和成就感。

2. 主题征文活动

线上写作社区还会举办各种主题征文活动，邀请学生根据指定的主题进行创作。在这样的活动中，学生们可以相互启发、交流自己的创作思路，分享创作经验，共同努力完成符合主题要求的文学作品。通过参与这样的活动，学生不仅可以提升自己的文学创作能力，还能够培养合作意识和团队精神，感受到团队协作的力量和价值。

（二）团队协作与沟通能力

1. 沟通与协作技巧的培养

在合作项目和活动中，学生们需要与他人进行充分的沟通与协作。他们需要相互交流想法，协商解决问题，共同决定文学作品的方向和内容。通过这样的过程，学生们不仅可以学会倾听和尊重他人的意见，还能够培养自己的表达能力和说服能力，提升沟通与协作的技巧。

2. 团队协作能力的提升

在团队合作的过程中，学生们需要共同分工、协调资源、完善作品。他们需要合理安排时间和任务，充分发挥每个人的特长和优势，共同努力实现团队的目标。通过这样的团队协作，学生们可以提升自己的团队协作能力，培养团队合作精神，形成良好的团队氛围和合作氛围。

3. 领导才能与团队协调能力的培养

在合作项目中，学生们有机会发挥自己的领导才能和团队协调能力。他们可以担任项目组长或协调员，负责协调团队的工作进度和分工安排，推动项目的顺利进行。通过这样的领导与协调，学生们可以培养自己的领导能力和团队管理能力，提升自己在团队中的地位和作用。

三、数字时代汉语言文学的传播

如今的环境背景下，可以从多个方面进行考虑，利用网络的传播速度和影响力，完善汉语言文学的教育体系，进而保证我国相关的汉语言知识的快速传播，在这个过程中，同时利用网络进行汉语言文学推送。

（一）传统教学模式下的汉语言文学的传播发展状况

在传统的教育模式下，汉语言文学的传播与发展受到了传统的教育方式以及思想观念的影响。特别是在教学大纲的制定和执行过程中，需要按部就班地对知识进行传授。然而，这种教育方式相对枯燥单一，导致学生对汉语言文学学习的兴趣不高，整体学习氛围显得沉闷乏味。在学习汉语言文学的过程中，由于知识点较为固定，学生往往感到缺乏创意和乐趣。虽然汉语言文学具有悠久的历史传统，但在教育体系的初期建设中，学习内容过于庞杂，且部分内容晦涩难懂，导致学生理解起来十分困难。由于学习难度大、范围广，汉语言文学的传播受到了限制，相关人才的培养也显得不足。

（二）汉语言文学在数字时代传播遇到的问题

1. 汉语言文学易受网络用语的影响

随着网络的发展，生活中越来越多的事物都与网络有着紧密的联系，网络成为当今人们了解世界的重要途径。在这个过程中，对于汉语言文学的教育也开始改变其传统的教育模式，逐渐地赶上教育的步伐。从多个角度出发，汉语言文学应该与网络紧密地联系，但是在联系的过程中也出现了很多的问题。因为汉语言文学，其阐述或者是表达事物的方式方法大多都是固定的，一旦在网络上进行传播，由于受到一些人的改变或者误传，很有可能会改变其表达的方式，导致其句子或者文章的内容出现偏差，这就会对我国的汉语言文学的传播工作造成极大的困扰，可能会导致一些线下和线上知识出现冲突。在这个过程中，网络的传播速度是非常快的，一旦一些汉语言文学的内容出现偏差，可能在一个很短的时间内就会影响到很多的人。人们对于网络的语言的使用是比较普遍和多元的，可能因为某件事就会出现一个热词，但是汉语言的学习需要比较真实的知识体系，有很多的知识，可以改变其教授的方式，让其在传播的过程中变得更加有趣，但是一些语言或者是文字中所包含的意思还是不能够曲解。

2.汉语言文学与生活脱节

汉语言文学教育常受传统教育范式的影响，其内容主要围绕传统文化展开。然而，随着科技与文化的迅速发展，社会生活方式已发生翻天覆地的变化，与以往相比存在巨大差异。这种情况可能导致汉语言文学教育与当今社会环境和人们的生活脱节，学习者对所学内容产生误解。汉语言文学学习涉及诸多经典著作，其内容和思想基于历史社会背景，与现代社会相比，可能缺乏实用性。这种情况降低了学习者的学习热情，因为学习的内容难以与实际生活联系起来。当今社会强调快节奏生活，与汉语言文学中所描绘的闲适生活形成鲜明对比，可能导致学习者对汉语言文学知识的理解和掌握程度下降。因此，传统教育模式下的汉语言文学教育需要与时俱进，注重与现实生活相结合，提高学习内容的实用性和吸引力，从而激发学习者的学习热情和兴趣。

（三）汉语言文学在数字时代传播的特征

1.汉语言文学在数字时代传播的多样性

汉语言文学在网络大背景下进行传播，其可以利用网络传播信息迅速的特点，对一些比较重要的，有着优良文化传统的知识进行推广。利用网络技术，人们学习汉语言文学的途径和方法也变得更加多样，对于一些比较难懂的汉语言文学类知识，人们可以通过网络快速地获取相关解释。同时利用网络，可以对一些汉语言文学中描述的优秀的传统文化进行改编，将其改为一些有趣的视频或者是漫画，进而拓宽相关的学习的人群，可以使一些孩子或者是一些文化程度较低的人也能够比较方便地学习。

2.汉语言文学在数字时代传播的便捷性

在数字时代，汉语言文学的传播变得更加便捷，这对于学习者来说带来了诸多优势。首先，利用网络平台进行学习可以降低学习成本，并且学习时间不再局限于传统的课堂教学。学习者可以在课余时间通过网络获取汉语言文学的相关知识，这极大地方便了学习者对汉语言文学的学习和了解。此外，随着科技水平的不断提高，智能化产品的出现也为学习者提供了更多的学习途径和便利。例如，智能手机和智能手表等智能设备具有强大的储存功能，学习者可以随时随地存储和查阅大量的汉语言文学知识，从而加深对文学的理解和掌握。这些智能产品的出现为学习者提供了更为便捷和高效的学习方式，激发了他们对汉语言文学学习的兴趣和热情。

另外，网络宣传的广泛应用也极大地扩展了汉语言文学知识的传播范围，有利于我国汉语言文学知识体系的建立和发展。通过网络平台，汉语言文学的相关知识可以迅速传播到全国各地乃至全球范围内，吸引更多的学习者加入汉语言文学学习的行列中来。这种广泛传播不仅有助于加强我国汉语言文学传统的传承，还能够促进文学知识的交流与分享，推动文学研究领域的发展和进步。

（四）数字时代下的汉语言文学传播新手段

1.电子教材的合理应用

随着我国科技的发展，有很多的资料都利用智能化数据库进行储存，并且最终以电子书的形式出现在人们的眼前。因为如今人们主要是快节奏地生活，有很多的学习内容都在路上完成，一些著作因为长度的原因，如果是携带纸质书，肯定是相当笨重，如果长时间携带纸质书，也可能造成一些书的损坏。因此在这个过程中，就可以通过电子书学习一些汉语言文学的知识，可以将相关的知识转变为电子书的模式，既方便人们学习，也方便人们查寻一些知识，节省大量的时间。

2.结合网络技术，不断创新汉语言文学的传播方式

在这个过程中，将汉语言文学与网络联系在一起，可以将汉语言文学相关的内容进行重组，在网络上设置专门的学习网站，进而帮助人们对汉语言进行系统化的学习；同时也可以利用网络的大数据分析功能，对人们学习汉语言知识的内容偏好进行总结，保证其为人们提供更好的服务。利用网络也可以建立有效的汉语言传播平台，通过这样的一种专门的传播途径，有利于人们更加清楚地认识汉语言文学，显示出汉语言文学学习的重要性。在这个过程中，利用网络的力量，可以对汉语言文学的知识体系进行合理的创新，使其不再局限于对传统文化的学习。

（1）利用"微"途径，进行汉语言文学的传播

在移动网络覆盖范围越来越全面，移动智能终端越来越普及的发展形势下，我国已经全面进入了"微时代"。微信、微博等社交软件已经与人们的日常生活与工作紧密地结合在一起。这些社交软件的出现，也使得汉语言文学有了全新的传播方式，且在传播速度、传播范围方面有着其他传播方式无法比拟的优势。所以，汉语言文学可以通过这些社交软件当中的群发功能或者公众号来进行传播。例如，可以通过微信公众号来向人们推送一些优美的散文，推送一些著名的文学

作品，让人们利用碎片化的时间进行阅读。而且，根据相关部门的调查与统计，发现人们对于这些微平台推送的文学作品以及美文都有着极高的阅读兴趣，甚至已经关注了很多专门推送美文的公众号，也经常将自己阅读过的美文分享到朋友圈，让自己的朋友也感受汉语言文学的魅力。

（2）利用二维码，进行汉语言文学的数字化传播

在智能终端获得快速发展的同时，数字化阅读也成为人们最便利的阅读方式。利用数字化技术进行汉语言文学的传播，可以有效提升汉语言文学的传播深度以及传播广度。例如，在信息传播中，二维码因为有着辨识力强、容量大、面积小等优势，所以得到了非常广泛的应用。将二维码应用到汉语言文学的传播中，也具有非常明显的优势。对此，可以建构一个专门的数据库，然后进行相关二维码的生成，让人们直接扫描二维码了解汉语言文学。需要注意的是，在构建数据库的时候，需要对汉语言文学进行分类，按照历史典故、古诗词以及散文等分类细化汉语言文学的内容。这样，既可以显著增强汉语言文学的传播针对性，拓宽汉语言文学的传播面积，还可以让汉语言文学的传播更加规范。

（3）利用应用软件，进行汉语言文学的虚拟仿真体验式传播

随着网络技术的飞速发展，汉语言文学的传播方式也得以丰富和拓展。其中，利用应用软件进行汉语言文学的虚拟仿真体验式传播具有巨大的潜力和吸引力。通过开发汉语言文学相关的应用软件，可以为用户提供一种全新的、沉浸式的学习体验，进而促进文学知识的传播和理解。首先，汉语言文学 APP 的开发可以为用户创造一个虚拟的学习空间，将古典文学作品与现代科技相结合，实现文学作品的数字化再现。通过虚拟空间的构建，用户可以身临其境地感受古代文学作品所描绘的场景和情境，仿佛置身于古代社会，与文学作品中的人物进行互动和交流。这种虚拟仿真的体验方式，不仅可以增强用户的学习体验，还可以激发他们对文学作品的兴趣和好奇心。其次，汉语言文学 APP 可以通过演绎故事情节的方式来呈现文学作品的内容。在虚拟空间中，用户可以选择不同的故事情节进行体验，参与到文学作品的故事发展中。通过角色扮演的方式，用户可以扮演文学作品中的角色，亲身经历故事情节的起承转合，深入理解文学作品所蕴含的思想和情感。这种参与式的学习方式，可以极大地提升用户对文学作品的理解和感受，增强其对汉语言文学的认同和热爱。此外，利用应用软件传播汉语言文学还可以打破传统的学习限制，不受年龄、知识水平和职业等方面的限制。无论是学生、教师、还是普通文学爱好者，都可以通过手机或平板电脑随时随地进行汉语

言文学的学习和体验。这种便捷的学习方式，不仅可以吸引更多的人群参与到文学学习中来，还可以促进文学知识的广泛传播和交流。

第四节 文学创作方法的创新实践

数字时代为文学创作带来了新的方法和手段，文学创作方法的创新实践成为激发创作活力的重要途径。通过引入新技术和新理念，文学创作可以展现出更多元化和个性化的特点。这些创新方法不仅丰富了文学创作的形式和内容，还为文学教育提供了新的教学手段和实践平台。

一、跨媒介创作

跨媒介创作是指通过文字、图像、音频、视频等多种媒介形式，进行综合性的文学创作。学生可以尝试将文字与其他媒介结合，创作出具有多重表现力的文学作品。这种创作方法不仅拓展了文学的表现空间，还提升了作品的感染力和表现力。

（一）文字与图像的结合

在跨媒介创作中，文字与图像的结合是一种常见且有效的表现形式。通过将文字与插图、漫画等形式结合，创作者可以增强文学作品的视觉效果和表现力。例如，学生在创作过程中，可以利用插图、漫画等形式，展示作品中的重要场景和人物形象，使读者在阅读文字的同时，也能通过图像更直观地感受作品的魅力。

1.插图在文学创作中的应用

插图在文学创作中具有重要的辅助作用。通过绘制插图，创作者可以更加直观地呈现作品中的场景和人物。例如，在创作关于《红楼梦》的文学作品时，学生可以绘制相关的插图，展示大观园的美景、贾宝玉和林黛玉的形象等，使读者在阅读文字的同时，也能通过图像感受到作品的独特魅力。插图不仅增加了作品的艺术性，还能帮助读者更好地理解和欣赏文学作品。例如，描绘林黛玉在潇湘馆独自垂泪的场景，可以通过细腻的画笔将她的孤独与哀愁表现得淋漓尽致，读者通过这一视觉形象，更能体会到文字中蕴含的情感深度。

2.漫画在文学创作中的应用

漫画是一种结合了文字和图像的叙事艺术，具有强烈的视觉冲击力和表现力。在文学创作中,漫画可以用来展示故事情节的发展和人物之间的互动。例如,学生在创作校园题材的文学作品时,可以通过漫画形式,生动地展现校园生活中的趣事和矛盾冲突,使作品更加生动、有趣。例如,描绘一场校园运动会的场景,漫画可以通过夸张的动作和表情,将运动员的紧张与兴奋表现得栩栩如生,读者在欣赏漫画的同时,更能感受到文字背后的情感张力。

3. 图像与文字结合的多样化尝试

除了插图和漫画,文字与图像的结合还有许多其他形式。例如,学生可以尝试将摄影作品融入文学创作,通过摄影作品展示现实生活中的细节和场景,增强作品的真实性和感染力。例如,在创作关于城市风貌的文学作品时,学生可以通过拍摄城市街景、建筑物、人文景观等,将这些图像与文字结合,使作品更加立体、丰富。例如,描述一座古老城市的历史变迁,照片可以记录下古老街道和现代建筑的对比,文字则详细讲述这些变化背后的故事和意义。

(二)文字与音频的结合

文字与音频的结合是跨媒介创作的另一种重要形式。通过录制音频,学生可以将文学作品中的对白、独白、背景描述等以声音的形式表现出来,增强作品的感染力和代入感。这种创作方法不仅丰富了作品的表现手段,还能使作品更加生动、立体。

1. 录制对白和独白

录制对白和独白是文字与音频结合的重要方式。通过录制人物对白和独白,创作者可以更加生动地表现人物的情感和心理活动。例如,在创作一篇描写战争场景的文学作品时,学生可以录制人物的对白和独白,展示士兵在战场上的紧张与恐惧、对家乡的思念等,使读者在阅读文字的同时,也能通过声音感受到人物的情感波动。例如,录制一段士兵在战斗前夜写给家人的信,可以通过声音传递出士兵内心的复杂情感,增强作品的感染力。

2. 制作背景音效

背景音效是增强文学作品代入感的重要手段。通过制作背景音效,创作者可以营造出作品中的环境和氛围。例如,在创作一篇描写森林探险的文学作品时,学生可以录制森林中的鸟鸣声、风声、流水声等背景音效,使读者在阅读文字时,也能通过声音感受到身临其境的感觉。例如,描述一场夜晚的森林探险,音效可以包括远处的狼嚎声、树叶的沙沙声,文字则详细描绘探险者在黑暗中摸索前进的情景,读者通过音效和文字的结合,更能感受到探险的紧张与刺激。

3.音频故事的创作

音频故事是一种结合了文字和声音的叙事形式，具有强烈的听觉冲击力和表现力。在创作音频故事时，学生可以将文学作品中的情节、对白、独白等通过声音表现出来，增强作品的表现力和感染力。例如，在创作一篇关于古代宫廷生活的文学作品时，学生可以通过录制音频故事，展示宫廷中的对话、礼仪、音乐等，使作品更加生动、有趣。例如，描述一场宫廷盛宴，音频故事可以包括乐师演奏的古典音乐、宫女的窃窃私语、侍卫的步伐声，文字则详细描绘宴会的盛况和人物的互动，读者通过听觉和视觉的双重体验，更能沉浸在作品的氛围中。

（三）文字与视频的结合

文字与视频的结合是跨媒介创作中最为复杂且具有挑战性的一种形式。通过制作视频，学生可以将文学作品中的情节和场景以动态影像的形式表现出来，提升作品的表现力和观赏性。这种创作方法不仅增强了作品的视觉效果，还能使作品更加具有时代感和现实感。

1.制作情节视频

制作情节视频是文字与视频结合的重要方式。通过拍摄和剪辑视频，创作者可以将文学作品中的情节以动态影像的形式表现出来，增强作品的表现力和观赏性。例如，在创作一篇关于现代都市生活的文学作品时，学生可以拍摄相关的视频片段，展示城市的繁华景象、人物的生活状态等，使读者在阅读文字时，也能通过视频更直观地感受到现代都市生活的氛围。例如，描述一段都市白领的日常生活，视频可以包括早高峰的地铁站、人来人往的写字楼、夜晚的霓虹灯，文字则详细讲述主人公在这座城市中的工作与生活，读者通过视频和文字的结合，更能体会到都市生活的紧张与忙碌。

2.制作情感视频

情感视频是表现文学作品中人物情感和心理活动的重要手段。通过制作情感视频，创作者可以更加生动地表现人物的内心世界和情感变化。例如，在创作一篇关于爱情的文学作品时，学生可以拍摄人物的表情、动作等，通过视频表现人物的情感变化，使读者在阅读文字时，也能通过视频感受到人物的情感波动。例如，描述一段感人的爱情故事，视频可以包括主人公的甜蜜瞬间、争吵后的和解、离别时的痛苦，文字则详细描写人物的内心感受和心理变化，读者通过视频和文字的结合，更能感受到爱情的甜美与痛楚。

3. 制作专题纪录片

专题纪录片是文字与视频结合的另一种重要形式。通过制作专题纪录片，创作者可以深入探讨和展示文学作品中的主题和背景。例如，在创作一篇关于环境保护的文学作品时，学生可以制作相关的纪录片，展示环境问题的现状、环保人士的努力等，使读者在阅读文字时，也能通过视频更加直观地了解和关注环境保护问题。例如，描述一片濒临消失的森林，纪录片可以包括森林的美丽景象、砍伐后的荒凉、环保人士的呼吁，文字则详细讲述森林的历史和生态价值，读者通过纪录片和文字的结合，更能认识到环境保护的重要性和紧迫性。

二、协作式创作

协作式创作是指通过团队合作的方式，共同完成文学作品。学生可以组成创作团队，分工合作，集思广益，共同探讨创作思路，提升创作质量。协作式创作不仅能提高作品的创作水平，还能培养学生的团队合作精神和综合能力。

（一）团队分工与合作

在协作式创作中，团队分工与合作是关键。每个团队成员根据自己的特长和兴趣，负责不同的创作任务，例如有人负责构思故事情节，有人负责撰写对话，有人负责插图设计等。通过这样的分工合作，团队成员可以发挥各自的优势，共同提升作品的质量。

1. 分工明确

明确的分工是团队合作成功的基础。每个团队成员应根据自己的特长和兴趣，承担相应的创作任务。例如，在创作一篇科幻文学作品时，团队成员可以分工负责故事情节的构思、人物设定、科技背景的设定、对话的撰写等。这样，每个成员都能在自己擅长的领域内发挥最大作用，确保作品的各个部分都达到高质量。例如，一个对科技有深入了解的学生可以负责科技背景的设定，而一个擅长描写人物心理的学生则可以负责人物对话的撰写。

2. 合作无间

在团队合作中，成员之间的默契和沟通非常重要。团队成员应定期进行讨论和交流，分享各自的创作进展和想法，确保整个创作过程的顺利进行。例如，在创作一篇历史题材的文学作品时，团队成员可以定期召开创作会议，讨论故事情节的发展、人物关系的设置等。通过这样的讨论，成员可以及时解决创作中遇到的问题，确保作品的整体协调和一致性。例如，在创作一段历史战争场景时，负责历史背景的成员与负责对话的成员可以讨论如何准确地再现历史事件，同时增强场景的生动性和真实性。

3.协作工具的使用

现代技术为团队协作提供了丰富的工具和平台。例如，团队成员可以使用在线文档编辑工具、即时通讯工具、项目管理工具等，进行远程协作和沟通。例如，在创作一篇跨国合作的文学作品时，团队成员可以使用在线文档编辑工具共同撰写和修改文稿，使用即时通讯工具进行实时交流和讨论，使用项目管理工具跟踪创作进度和任务分配。通过这些工具，团队成员可以克服时空限制，高效地进行协作和创作。例如，使用共享文档平台可以让所有成员随时查看和编辑文档，确保每个部分的内容都能及时更新和完善。

（二）集思广益与创新

集思广益是协作式创作的重要特点。在创作过程中，团队成员可以通过讨论、交流，分享各自的创意和想法，碰撞出更多的灵感和创意。这样的创作方式不仅能提升作品的创新性，还能激发团队成员的创作热情和潜力。

1.头脑风暴

头脑风暴是一种常用的创意方法，通过集体讨论和自由发言，激发创意和灵感。在协作式创作中，团队成员可以定期进行头脑风暴，提出各种创意和设想。例如，在创作一篇关于未来城市的文学作品时，团队成员可以通过头脑风暴，提出各种关于未来城市的设想和创意，如智能交通、环保建筑、虚拟现实等，从而丰富作品的内容和创意。例如，一个成员提出了一个智能交通系统的概念，其他成员可以在此基础上补充和扩展，形成一个完整且富有创意的设定。

2.创意讨论

创意讨论是集思广益的重要环节。在讨论过程中，团队成员可以相互启发，提出建设性的意见和建议。例如，在创作一篇关于环境保护的文学作品时，团队成员可以通过创意讨论，探讨如何通过文学作品表达环境保护的主题和意义，以及如何通过具体情节和人物形象来增强作品的感染力和说服力。例如，在讨论一个环境保护的情节时，团队成员可以从不同角度提出自己的见解和建议，使情节更加丰富和深刻。

3.创意整合

在集思广益的基础上，团队成员可以对各种创意进行整合，形成一个完整的创作方案。例如，在创作一篇关于未来科技的文学作品时，团队成员可以将各自提出的创意，如智能机器人、虚拟现实、基因编辑等，整合到一个统一的故事情节中，形成一个完整的创作方案。例如，一个成员提出了一个虚拟现实游戏的设定，其他成员可以在此基础上添加科技背景和人物设定，形成一个完整而富有创意的故事。

（三）创作过程与成果展示

协作式创作不仅注重创作过程，还注重成果展示。在创作完成后，团队成员可以通过多种方式展示作品，如举办作品发布会、制作电子书、发布到网络平台等，分享创作成果，接受读者的反馈和建议。

1. 作品发布会

作品发布会是展示创作成果的重要形式。通过举办作品发布会，团队成员可以向观众展示自己的创作成果，分享创作心得和体会。例如，在创作一篇关于环保主题的文学作品后，团队成员可以举办一场作品发布会，向观众展示作品的内容和创作过程，讲述创作背后的故事和意义。通过这样的发布会，团队成员不仅可以展示自己的创作成果，还可以与观众进行互动交流，接受反馈和建议，进一步提升作品的质量和影响力。例如，在发布会上，观众可以提出自己的见解和意见，团队成员可以根据这些反馈对作品进行调整和完善。

2. 制作电子书

制作电子书是展示创作成果的另一种重要形式。通过制作电子书，团队成员可以将作品以数字化的形式发布到网络平台，方便读者阅读和下载。例如，在创作一篇关于未来科技的文学作品后，团队成员可以制作电子书，将作品发布到各大电子书平台，分享创作成果，扩大作品的影响力和传播力。例如，电子书可以包括插图、音频、视频等多种媒介形式，使作品更加丰富和立体，吸引更多读者的关注和喜爱。

3. 网络发布

网络发布是展示创作成果的重要途径。通过将作品发布到网络平台，团队成员可以与更多的读者分享创作成果，接受更多的反馈和建议。例如，在创作一篇关于城市生活的文学作品后，团队成员可以将作品发布到文学论坛、社交媒体、个人博客等网络平台，分享创作成果，与读者进行互动交流，进一步提升作品的影响力和传播力。例如，网络发布可以吸引更多的读者参与讨论和评论，团队成员可以根据这些反馈不断改进和完善作品。

三、创意写作工作坊

创意写作工作坊是指通过组织创意写作活动，激发学生的创作灵感和热情。教师可以引导学生进行自由写作、主题写作、角色扮演等创作活动，培养学生的文学创作能力和表达技巧。创意写作工作坊不仅能提升学生的写作水平，还能激发他们的创作热情和想象力。

（一）自由写作与灵感激发

自由写作是创意写作工作坊的重要形式之一。通过自由写作，学生可以随意选择自己感兴趣的主题和内容，进行创作，激发灵感和创作热情。例如，教师可以组织学生进行自由写作，让学生根据自己的兴趣和想法，创作一篇短篇小说或散文，充分发挥自己的想象力和创造力。这样的写作活动，不仅能提高学生的写作水平，还能激发他们的创作灵感和热情。

1. 自由写作的意义

自由写作为学生提供了一个自由表达和探索的空间。它打破了传统写作教学中的固定题材和格式限制，鼓励学生根据自己的兴趣和灵感进行创作。这种自由的创作方式具有重要的教育意义，不仅有助于培养学生的独立思考能力，还能促进他们的个性化发展。

（1）打破传统限制

传统的写作教学往往局限于特定的题材和格式，限制了学生的创造力和想象力。自由写作则不同，它鼓励学生根据自己的兴趣和灵感进行创作，无须遵循固定的模式和要求。例如，一名对科幻小说感兴趣的学生可以创作一个关于未来世界的短篇故事，而另一名喜欢诗歌的学生则可以尝试写一首自由诗。通过这种自由创作，学生不仅可以发现自己的写作兴趣，还能在无压力的环境中大胆尝试各种写作风格和技巧。例如，一个喜欢自然景观的学生可以通过描写一片森林的四季变化，表达自己对大自然的热爱和敬畏。

（2）促进个性化发展

自由写作为学生提供了一个展示个性和才华的平台。每个学生都有独特的兴趣和天赋，通过自由写作，他们可以充分发挥自己的特长，表达自己的想法和情感。例如，一个擅长描写心理活动的学生可以通过创作心理小说，展示自己对人性和情感的深刻理解；而一个喜欢写作历史题材的学生则可以通过创作历史小说，表达自己对历史事件和人物的独特见解。自由写作不仅有助于学生发现和发展自己的写作才能，还能增强他们的自信心和成就感。

（3）培养独立思考能力

自由写作鼓励学生自主选择写作主题和内容，培养他们的独立思考能力。在自由写作的过程中，学生需要独立思考，寻找灵感，构思情节，撰写文章，这一系列过程都有助于提升他们的思维能力和解决问题的能力。例如，一个学生在自由写作中，选择了一个关于环境保护的主题，通过查阅资料、采访环保人士、实地考察等方式，完成了一篇关于环境保护的短篇小说。这一过程不仅提高了他的写作能力，还增强了他的环保意识和社会责任感。

2. 激发灵感的方法

在自由写作过程中，教师可以通过多种方法帮助学生激发灵感。这些方法不仅丰富了写作素材，还能激发学生的创作灵感和热情。

（1）户外写生活动

户外写生活动是激发学生写作灵感的重要方法之一。通过让学生在自然环境中观察和记录，教师可以帮助他们寻找写作灵感。例如，教师可以组织学生到公园、郊外等地进行写生活动，让他们观察自然景观、动植物、人文景观等，并记录下自己的所见所感。这种户外活动不仅能丰富学生的写作素材，还能激发他们的创作灵感和热情。例如，学生在公园观察一棵古树时，可能会想到这棵树的历史和它见证的岁月，从而创作一篇关于时间和记忆的散文。

（2）音乐和图片的启发

音乐和图片是激发学生创作灵感的有效工具。教师可以通过播放音乐、展示图片等方式，激发学生的创作欲望。例如，在一堂关于城市生活的写作课上，教师可以播放城市的背景音效，如车水马龙的声音、人群的喧嚣声，让学生在声音的刺激下，展开对城市生活的描绘和思考。同样，展示一系列关于城市景观和人们生活的图片，也可以帮助学生更好地感受和描绘城市的氛围和特点。例如，学生在听到一首忧伤的钢琴曲时，可能会想到一个独自走在雨中的人的形象，从而创作一篇关于孤独和希望的短篇小说。

（3）文学作品的阅读

阅读优秀的文学作品也是激发写作灵感的重要方法。通过阅读经典文学作品，学生可以学习和借鉴不同的写作技巧和风格，激发自己的创作灵感。例如，教师可以推荐一些经典的短篇小说、诗歌、散文等，让学生在阅读中感受文学的魅力，并从中获得写作的灵感和启发。例如，阅读卡夫卡的《变形记》，学生可以思考异化和人性的主题，从而创作一篇关于现代社会中个体孤独感的故事。

3. 自由写作的练习

教师可以定期安排自由写作练习，鼓励学生用文字表达自己的所见所感。这种练习不仅能培养学生的写作习惯，还能提高他们的写作技能和表达能力。

（1）定期自由写作练习

定期安排自由写作练习是培养学生写作习惯的有效方法。例如，每周一次的自由写作练习，学生可以选择自己喜欢的主题，如"我的一天""梦中的世界""童年的回忆"等，自由创作。这种练习不仅能培养学生的写作习惯，还能提高他们的写作技能和表达能力。例如，一名学生在自由写作练习中，通过描写自己一天的生活，不仅提高了叙事能力，还学会了如何在平凡的生活中发现和表达美。

（2）自由写作的评估与反馈

自由写作练习后，教师应对学生的作品进行评估和反馈，帮助他们发现优点和不足，进一步提高写作水平。例如，教师可以对学生的作品进行详细的点评，指出其中的亮点和需要改进的地方，并提供具体的改进建议。例如，一名学生在自由写作中，创作了一篇关于童年回忆的散文，教师可以指出文章中感情真挚的部分，并建议在描写细节时增加更多的具体描写和感官体验，以增强文章的感染力。

（3）自由写作的展示与分享

展示与分享是自由写作的重要环节。通过展示和分享自己的作品，学生可以获得他人的反馈和建议，进一步改进和完善自己的作品。例如，教师可以组织自由写作作品展示会，让每个学生分享自己的创作，并与同学交流写作心得和体会。通过这样的展示和分享，学生不仅可以获得他人的反馈和建议，还能增强自己的自信心和成就感。例如，在展示会上，一名学生分享了自己创作的关于梦想的短篇小说，同学们的积极反馈和鼓励，进一步激发了他的创作热情和信心。

（二）主题写作与深度探索

主题写作是创意写作工作坊的另一种重要形式。通过主题写作，学生可以围绕特定的主题，进行深入的创作和探索。例如，教师可以组织学生围绕"家乡记忆"这一主题，创作一篇描述家乡风貌、风土人情的文学作品，深入挖掘和表达自己对家乡的感情和记忆。这样的写作活动，不仅能提高学生的写作技巧，还能帮助他们深入思考和表达自己的情感和思想。

1.主题写作的选择

选择合适的主题是主题写作成功的关键。教师应根据学生的兴趣和知识背景，选择具有吸引力和启发性的主题。例如，"家乡记忆""成长故事""梦想与现实"等主题，既贴近学生的生活，又具有丰富的创作潜力。通过选择恰当的主题，学生可以更好地投入写作，激发自己的创作热情和灵感。

（1）贴近学生生活的主题

选择贴近学生生活的主题，有助于激发他们的创作欲望和灵感。例如，"家乡记忆"这一主题可以让学生回忆和描述自己成长的地方，通过描写家乡的风土人情、童年的回忆、家乡的变化等，表达自己对家乡的深厚感情。这不仅能让学生感受到写作的乐趣，还能增强他们对家乡和文化的认同感。例如，一名学生在写作"家乡记忆"时，可以描述家乡的节日习俗、乡村生活以及儿时的游戏，通过细腻的描写和真挚的情感，传递出对家乡的热爱和怀念。

（2）富有创作潜力的主题

选择具有丰富创作潜力的主题，可以拓宽学生的创作思路，提升他们的写作水平。例如，"成长故事"这一主题，涵盖了学生在成长过程中经历的各种事件和心路历程，能够引导学生进行深入的反思和表达。例如，在写作"成长故事"时，学生可以回忆自己在学校、家庭、社会中经历的各种挑战和成长，通过真实的故事和情感描写，展现自己的成长过程和收获。例如，一名学生在写作"成长故事"时，通过回忆自己在一场比赛中的失败和反思，认识到失败也是成长的一部分，学会了如何面对和超越挫折。

（3）激发灵感的主题

选择能够激发灵感的主题，有助于学生在写作过程中不断发现和挖掘新的创意。例如，"梦想与现实"这一主题，可以引导学生思考自己的人生理想和现实生活之间的关系，通过写作表达自己对未来的期望和对现实的感悟。例如，在写作"梦想与现实"时，学生可以描述自己在追求梦想过程中遇到的困难和挑战，通过对比和反思，展现自己对梦想的执着和对现实的理解。例如，一名学生在写作"梦想与现实"时，可以描述自己在实现职业梦想过程中遇到的挫折和努力，通过细腻的描写和深刻的思考，传递出对梦想的坚定信念和对现实的冷静思考。

2.主题写作的深入

在主题写作中，教师应引导学生进行深入的思考和探索，挖掘主题的多层次意义。例如，在写作"成长故事"时，教师可以引导学生回忆和反思自己成长过程中经历的重大事件和心路历程，探讨这些经历对自己成长的影响和意义。通过这样的深入写作，学生不仅可以提升写作技巧，还能加深对自我和世界的认识。

（1）深入思考与反思

主题写作不仅仅是表面的描述，更需要学生深入思考和反思。例如，在写作"成长故事"时，教师可以引导学生回顾自己成长过程中经历的重大事件，如搬家、转学、家庭变故等，通过这些事件的回顾和反思，探讨其对自己性格和人生观的影响。例如，一名学生在回忆自己搬家后的适应过程时，可以深入描写自己如何克服孤独和陌生感，通过与新朋友的相处和新的环境的适应，逐渐成长为一个更加坚强和自信的人。

（2）多层次意义的挖掘

在主题写作中，学生需要挖掘主题的多层次意义，展现更丰富的内涵和深度。例如，在写作"梦想与现实"时，学生可以探讨梦想与现实之间的矛盾和冲突，思考如何在现实中坚持梦想，以及梦想实现的可能性和意义。例如，一名学生在写作时，可以描述自己在追求音乐梦想过程中遇到的家庭和社会压力，通过对这些矛盾和冲突的描写，探讨梦想对个人成长和幸福的重要性，以及如何在现实中找到平衡和坚持。

（3）自我与社会的关联

主题写作还应关注自我与社会的关联，探讨个人成长与社会环境的互动。例如，在写作"家乡记忆"时，学生可以不仅仅描述自己的个人回忆，还可以探讨家乡的发展变化、社会变迁对个人生活的影响。例如，一名学生在写作时，可以通过描写家乡从农村到城市化的变化，探讨这种变化对家庭、社区和个人生活的影响，通过个人视角展现社会发展的宏大背景和深远影响。

3. 主题写作的实践

教师可以通过各种实践活动，帮助学生更好地进行主题写作。例如，组织学生进行实地考察、采访等活动，收集写作素材；或是开展主题讨论会，交流创作思路和经验。这些实践活动不仅拓宽了学生的视野，还增强了写作的真实性和感染力。

（1）实地考察与写作

实地考察是主题写作的重要实践活动，通过亲身体验和观察，学生可以获得真实生动的写作素材。例如，在进行"家乡记忆"主题写作时，教师可以组织学生回到家乡，进行实地考察和采访，记录家乡的风土人情和人文故事。例如，学生在家乡的街道、市场、田野等地进行观察和记录，了解家乡的变化和发展，通过真实的描写和细腻的情感表达，展现家乡的独特魅力和深厚文化。

（2）采访与素材收集

采访是主题写作的重要方法，通过与相关人物的对话和交流，学生可以收集丰富的写作素材。例如，在进行"成长故事"主题写作时，教师可以指导学生采访家人、朋友、老师等，了解他们对自己成长过程的看法和评价，收集有关成长经历的真实故事和细节。例如，学生可以采访父母，了解他们对自己成长过程中一些重大决定和事件的看法，通过这些真实的对话和故事，丰富写作内容和情感表达。

（3）主题讨论与交流

主题讨论会是学生交流创作思路和经验的重要平台，通过集体讨论，学生可以获得更多的写作灵感和建议。例如，在进行"环境保护"主题写作时，教师可以组织学生开展讨论会，交流自己对环境保护的看法和经验，分享创作思路和素材来源。例如，学生可以分享自己在参与环保活动中的见闻和感受，通过交流和讨论，激发更多的创作灵感和思考，提升写作的深度和广度。

（三）角色扮演与情境体验

角色扮演是创意写作工作坊的一种创新形式。通过角色扮演，学生可以扮演文学作品中的角色，体验角色的情感和经历，从而更好地理解和创作文学作品。例如，教师可以组织学生扮演《红楼梦》中的人物，如贾宝玉、林黛玉等，让学生通过角色扮演，体验角色的情感和生活，深入理解作品的内涵和背景。这种情境体验的写作活动，不仅能提高学生的写作水平，还能增强他们的理解力和表现力。

1.角色扮演的设计

角色扮演需要精心设计，以确保学生能够深入体验角色的情感和经历。教师应选择适合的文学作品和角色，并为每个角色设计具体的情境和任务。例如，在《红楼梦》的角色扮演中，教师可以设计贾宝玉和林黛玉在大观园中的一段对话情境，让学生通过扮演角色，体验他们的情感纠葛和内心世界。例如，设计一段贾宝玉和林黛玉在花园中谈心的情景，让扮演者通过对话和表演，体会角色的心理变化和情感深度。

2.情境体验的实施

在实施角色扮演时，教师应引导学生投入角色，充分发挥自己的想象力和表现力。例如，教师可以组织学生进行分组角色扮演，每组学生扮演不同的角色，分别演绎不同的情境。通过这样的情境体验，学生可以更加深入地理解角色的情感和经历，从而提高写作的真实性和感染力。例如，组织学生扮演《红楼梦》中的贾母和王夫人，通过对话和互动，体会她们在家族事务中的角色和心理变化。

3. 角色扮演的反思

在角色扮演结束后，教师应引导学生进行反思和总结，分享自己的体验和感受。例如，教师可以组织学生进行角色扮演后的讨论会，让每个学生分享自己在扮演角色过程中的感受和收获，探讨角色的心理和行为动机。通过这样的反思和总结，学生可以加深对角色的理解，提高写作的深度和层次。例如，在角色扮演《红楼梦》中的人物后，学生可以讨论角色的心理冲突和情感变化，进一步丰富自己的写作内容和技巧。

第五章　学生参与互动的数字化体验

第一节　数字时代的学生参与模式

一、建立多元化的学生参与平台和机制

（一）构建多样化的在线学习平台

1. 网络课堂

随着信息技术的飞速发展，网络课堂平台成为学校教育的重要组成部分，为学生提供了更为灵活和便利的学习方式。通过网络课堂，学生可以在不受时间和空间限制的情况下，参与到教学活动中，从而实现个性化和自主化学习的目标。

网络课堂的便利性体现在多个方面。首先，学生可以根据自己的时间安排自由选择学习的时间，不再受到传统课堂教学固定的上课时间限制。例如，一些学生可能在晚上或周末有更多的空闲时间，他们可以在这些时间段通过网络课堂进行学习，提高学习的效率和质量。其次，学生可以在任何地点参与学习活动，无论是在家中、图书馆、咖啡厅还是公园，只要有网络连接，都可以进行在线学习。这种灵活的学习方式使得学生不再受到地域的限制，能够更好地利用碎片化的时间进行学习，提高学习的效率。

举例来说，有些学生可能因为家庭原因或其他个人原因无法参加传统课堂教学，但通过网络课堂，他们可以随时随地通过手机、平板电脑或电脑参与学习，从而弥补了因时间和地点限制而导致的学习缺失。此外，对于一些特殊群体，如残障学生或居住在偏远地区的学生，网络课堂也为他们提供了更为便利和平等的学习机会，促进了教育的包容性和公平性。

2. 虚拟教室

在虚拟教室中，学生可以身临其境地参与到各种教学活动中，与老师和同学进行实时互动，打破了传统教室的时间和空间限制，提高了学习的效果和参与度。

首先，虚拟教室为学生提供了更加真实和生动的学习环境。通过虚拟现实技术，可以模拟出各种教室场景，如图书馆、实验室、博物馆等，让学生在虚拟空间中感受到身临其境的学习氛围。例如，学生可以在虚拟图书馆中浏览各种书籍和资料，与同学进行讨论和分享，提高学习的积极性和主动性。其次，虚拟教室可以促进学生之间的交流与合作。在虚拟教室中，学生可以与老师和同学进行实时互动，参与各种教学活动，如讨论、小组合作、实验等，共同探讨问题、解决难题，提高学习的效果和参与度。例如，在虚拟实验室中，学生可以进行各种实验操作，与同学共同探讨实验结果，加深对知识的理解和应用。此外，虚拟教室还可以为学生提供个性化的学习体验。通过虚拟现实技术，可以根据学生的学习需求和兴趣定制各种学习场景和活动，提供个性化的学习路径和资源，激发学生的学习兴趣和动力。例如，学生可以在虚拟艺术工作室中绘画、雕塑，发挥自己的创造力和想象力，培养艺术审美能力和创新精神。

（二）制定学生参与机制

1. 建立学生参与评价机制

首先，建立学生参与评价机制有助于形成良好的学习氛围。通过对学生参与行为进行评价和奖励，可以有效地激发学生的学习兴趣和动力，提高他们对学习的投入度和积极性。例如，学校可以设立学生参与奖学金，根据学生的参与情况和表现，给予相应的奖励，激励学生更加积极地参与到各种学习活动中来。其次，建立学生参与评价机制有助于提高教学效果。通过对学生的参与情况进行记录和评价，可以及时发现学生的学习问题和困难，为教师提供重要的参考依据，有针对性地调整教学方法和内容，提高教学的针对性和有效性。例如，教师可以根据学生的提问次数和分享观点情况，调整教学内容和讲授方式，更好地满足学生的学习需求和兴趣。此外，建立学生参与评价机制还有助于培养学生的自主学习和主动思考能力。通过对学生参与行为的评价和奖励，可以激发学生的学习动力和创造力，培养其自主学习和主动思考的能力。例如，学生可以根据自己的学习需求和兴趣选择参与的活动和项目，通过积极参与获得相应的奖励，从而更好地发挥自己的学习潜能和创造力。

2. 提供个性化参与建议

通过数据分析和学习评估，可以更好地了解学生的学习需求和兴趣，从而为他们提供个性化的参与建议。首先，个性化参与建议可以基于学生的学习风格和偏好。不同的学生有不同的学习倾向和方式，有些学生喜欢通过阅读书籍来获取知识，而有些学生则更喜欢通过观看视频或参与实践活动来学习。因此，针对不同的学生群体，可以提供不同形式的参与建议。例如，对于阅读型学生，可以推荐他们参与在线阅读社区或书评活动；对于视觉型学生，可以推荐他们参与观看相关视频或参观展览等。其次，个性化参与建议可以基于学生的学科需求和兴趣爱好。不同的学科领域有不同的学习内容和特点，因此需要针对性地为学生提供参与建议。例如，对于对文学感兴趣的学生，可以推荐他们参加文学讨论会或文学创作比赛，以提高其文学素养和创作能力；对于对科学技术感兴趣的学生，可以推荐他们参与科技竞赛或实验室项目，以培养其科学思维和创新能力。此外，个性化参与建议还可以基于学生的学习进展和能力水平。通过对学生学习情况的数据分析和评估，可以及时发现学生的学习困难和瓶颈，并为其提供相应的参与建议和辅导措施。例如，对于学习进展较慢的学生，可以推荐他们参加补习班或课外辅导，以帮助他们及时消化和掌握学习内容；对于学习进展较快的学生，可以推荐他们参加学术竞赛或科研项目，以拓宽其学术视野和深度。

3. 创新性参与激励

创新性参与激励机制在教育领域中起着至关重要的作用，它能够激发学生的学习兴趣和参与热情，提高他们的学习动力和效果。通过不断创新参与激励机制，设计吸引学生参与的活动和奖励，可以有效地促进学生的积极参与和全面发展。

第一，创新参与激励机制可以通过设立参与活动排行榜来激励学生的参与行为。排行榜可以根据学生的参与度和贡献程度进行排名，对排名靠前的学生进行表彰和奖励。这种机制可以激发学生争先恐后地参与各种学习活动，增强他们的竞争意识和自我驱动力。例如，某个学校可以设立每月一次的参与活动排行榜，对排名前十名的学生进行奖励，并在校园内公示他们的成绩和表彰。

第二，创新参与激励机制可以通过举办参与活动抽奖来增加学生的参与趣味性和动力。抽奖活动可以设置丰富多样的奖品，如书籍、文具、礼品卡等，吸引学生积极参与各种学习活动。这种机制既能够激发学生的好奇心和探索欲，又能够增加他们的参与动力和期待值。例如，某个学校可以在每学期末举办一次大型的参与活动抽奖，邀请全校学生参与，通过抽奖的方式奖励那些积极参与学习活动的学生。

第三，创新参与激励机制还可以通过举办创意比赛或项目评选活动来激发学生的参与热情和创造力。这种机制可以为学生提供展示才华和实践能力的平台，激励他们积极参与各种学习项目和实践活动。例如，某个学校可以定期举办创意作品展示活动，邀请学生提交自己的创意作品，并通过评选的方式表彰优秀作品，并给予奖励和鼓励。

二、提升学生的参与度和学习效果

（一）个性化学习体验

1. 数字化技术的创新应用

利用先进的数字化技术，如人工智能、大数据分析等，对学生的学习数据进行深度挖掘和分析。通过智能学习系统，系统可以根据学生的学习历史、学科偏好等信息，精准地识别学生的学习需求，并为其量身定制个性化的学习体验。例如，系统可以根据学生的学习进度和表现，自动推荐适合其水平和兴趣的学习资源和任务，以提高学习的针对性和效果。

2. 差异化学习路径设计

针对不同学生的学习水平、学科兴趣和学习风格，设计多样化的学习路径和课程内容。对于学习能力较强的学生，可以提供更深入、更具挑战性的学习内容和任务，以激发其学习兴趣和探索欲望；对于学习兴趣偏向于某个特定领域的学生，可以提供更多相关领域的学习资源和实践机会，以满足其个性化学习需求。这样的差异化学习路径设计，可以使每个学生都能够在自己的学习领域发挥出最大的潜力，提高学习的效果和满意度。

3. 实时反馈与调整机制

建立学生学习数据的实时监测和反馈机制，及时了解学生的学习进度、问题和需求，并根据反馈信息进行针对性的调整和优化。通过学习数据分析，教师可以发现学生的学习偏好和困难点，及时调整教学策略和内容，以提高学生的学习参与度和学习效果。例如，系统可以根据学生的学习表现，自动调整学习内容的难度和进度，或者向教师提供个性化的教学建议，以帮助教师更好地指导学生的学习。

（二）互动式教学设计

1. 在线讨论与交流

在网络平台上建立在线讨论和交流的学习社区，为学生提供一个开放、互动的学习环境。通过在线讨论、问题解答等形式，引导学生展开学术交流和思想碰撞，激发他们的学习兴趣和创造力。教师可以设定话题，引导学生进行讨论，并及时给予反馈和指导，促进学生之间的互动和学习效果的提升。

2. 小组合作项目

设计具有挑战性和实践性的小组合作项目，鼓励学生积极参与团队合作，共同解决问题和完成任务。通过小组合作项目，学生可以互相学习、协作和交流，培养团队精神和实践能力，提高学习效果和深度。例如，可以组织学生共同研究某一文学作品，分析其内涵和风格，并进行成果展示和讨论。

3. 多媒体教学与互动游戏

结合多媒体技术和互动游戏设计，设计丰富多彩的教学活动，增加学生的参与度和趣味性。例如，利用虚拟实境技术，创建沉浸式的学习场景，让学生在虚拟环境中亲身体验汉语言文学的魅力，提升其学习的体验和效果。还可以设计文学知识竞赛、角色扮演等互动游戏，让学生在轻松愉快的氛围中学习，增强学习的趣味性和吸引力。

第二节　虚拟团队项目与合作

一、开展虚拟团队项目培养学生合作能力

（一）设立虚拟团队项目

1. 确立项目目标与任务

在设立虚拟团队项目之初，首先需要明确项目的目标和任务。教师可以根据课程要求或学生的学习需求确定项目的主题和内容，确保项目与课程内容密切相关，并能够有效地促进学生的学习和成长。例如，可以设计一个文学作品分析与解读的项目，要求学生在团队中共同选择一部文学作品，进行深入的分析和解读，最终呈现出一份完整的文学作品解读报告。

2. 创建虚拟团队平台

教师可以利用在线教学平台或协作工具创建虚拟团队项目的工作空间。这个平台可以是一个在线论坛、协作文档、社交媒体群组等，方便学生们在其中进行讨论、交流和合作。在创建平台时，教师需要确保平台的功能完善、易于操作，

并且能够满足团队合作的需求，例如提供讨论区、文件共享、任务分配等功能。

3. 设定项目规则与流程

为了保证虚拟团队项目的顺利开展，教师需要设定清晰的项目规则与流程，并向学生们进行详细的介绍和说明。这些规则与流程可以包括项目的时间安排、任务分配的原则、团队沟通的方式、成果评价的标准等。通过设定明确的规则与流程，可以帮助学生们更好地理解项目的要求，提高团队合作的效率和质量。

（二）任务分工与协作

1. 确定任务分工

在虚拟团队项目中，学生们需要根据项目的任务和要求进行合理的任务分工。教师可以根据学生的兴趣、专长和学习能力来确定任务分工，确保每个团队成员都能够发挥自己的优势和特长。例如，可以将任务分解为文学作品分析、研究文学背景、撰写报告等多个子任务，并根据团队成员的特点和能力分配给不同的成员。

2. 促进团队协作

在确定了任务分工之后，教师需要积极促进团队成员之间的协作，确保团队能够有效地合作完成任务。可以通过组织团队讨论会议、定期进行进度跟踪和反馈、设立团队合作奖励机制等方式来促进团队协作。同时，教师还可以利用在线协作工具，如共享文档、在线会议等，方便团队成员之间的交流和合作，提高团队的工作效率和质量。

3. 强调团队精神与合作意识

在虚拟团队项目中，教师需要不断强调团队精神与合作意识的重要性，鼓励学生们相互支持、共同进步。可以通过组织团队建设活动、分享团队成功经验、表彰优秀团队合作等方式来强调团队精神与合作意识。同时，教师还可以及时给予团队成员反馈和指导，帮助他们解决团队合作中遇到的问题，促进团队的持续发展和壮大。

二、利用数字化工具促进团队协作

（一）在线项目管理工具

1. 引导学生使用在线项目管理工具

在线项目管理工具是促进团队协作的重要工具之一。教师可以引导学生使用诸如可视化项目管理工具（Trello）、软件即服务平台（Asana）等在线项目管理工具，以便实时跟踪任务进度，提高团队协作效率。这些工具通常具有任务列表、任务分配、进度跟踪、团队通信等功能，能够帮助学生清晰地了解项目的任务分工和进度情况，从而更好地协作完成任务。

2. 利用在线项目管理工具进行任务分配与跟踪

在汉语言文学教学中，教师可以利用在线项目管理工具为学生分配任务，并跟踪任务的执行情况。通过这些工具，教师可以创建任务清单，并将任务分配给不同的团队成员。学生可以在工具中查看自己被分配的任务，并及时更新任务的完成情况。教师可以随时查看项目进度，及时给予反馈和指导，确保团队任务能够按时完成。

3. 提高团队协作效率

在线项目管理工具可以帮助团队成员之间更好地协作。学生可以在工具中实时交流、共享文件、讨论问题，提高团队协作效率。此外，通过在线项目管理工具，团队成员可以随时查看任务的优先级和截止日期，合理安排自己的工作时间，从而提高工作效率，确保任务按时完成。

（二）虚拟会议与讨论

1. 利用视频会议工具组织虚拟团队会议

视频会议工具是促进远程团队协作的重要手段。教师可以利用视频会议工具，组织虚拟团队会议，让团队成员能够远程交流、讨论项目进展、解决问题等。通过视频会议，团队成员可以面对面地交流，加深理解，提高团队的凝聚力和协作效率。

2. 促进成员之间的交流与合作

在虚拟团队会议中，团队成员可以分享自己的想法和见解，共同讨论项目的方向和策略，解决项目中遇到的困难和挑战。通过交流与合作，团队成员可以更好地理解彼此的工作方式和思维模式，提高团队的协作水平和效率。

3. 提供远程学习与交流的便利

利用视频会议工具进行虚拟团队会议，不仅能够促进团队协作，还能够提供远程学习与交流的便利。学生可以随时随地参加会议，无须受到地理位置和时间限制，从而更加灵活地安排学习时间，提高学习效率和质量。

第三节 在线学术交流与互动平台

一、搭建在线学术交流平台，促进师生互动与学术合作

（一）建设学术论坛

1.创建多元化的在线学术论坛

（1）设立专题板块

专题板块的设立旨在深化学术讨论、促进学科交流，以及提供更具针对性的学术资源和交流机会。以下是专题板块的设立所带来的几点深入分析：首先，专题板块的设立有利于深化学术讨论。汉语言文学作为一个庞大而复杂的学科领域，涉及文学作品分析、文化探讨、语言学习等多个方面。通过为每个领域设立专题板块，可以更加重点地对各个领域的学术话题展开深入讨论，使得讨论更加专业化、精细化。例如，在文学作品分析板块，学生和教师可以针对不同的文学作品展开详尽的分析和讨论，深入探讨作品的主题、风格、语言运用等方面，从而提升学术水平和研究能力。其次，专题板块的设立有助于促进学科交流。不同的专题板块代表着不同的学术领域和研究方向，为不同背景和兴趣的师生提供了一个交流的平台。在这些板块上，学生和教师可以分享自己的研究成果、提出问题和观点，进行学术探讨和交流。通过交流和碰撞，不仅可以促进学生之间的学术互动和合作，还可以拓宽师生的学术视野，增进对汉语言文学领域的全面理解。另外，专题板块的设立还可以提供更具针对性的学术资源和交流机会。在每个专题板块中，可以设置丰富多样的学术资源，包括论文、研究报告、学术会议信息等。同时，还可以组织针对性的学术活动，如专题讲座、学术研讨会等，为师生提供更多学术交流和学习的机会。这样一来，学术资源和交流机会更加具有针对性和实用性，能够更好地满足师生的学术需求和兴趣。

（2）丰富论坛内容

提供丰富多样的内容不仅可以满足师生的学术需求，还可以促进学术交流和合作的深入开展。以下是如何丰富论坛内容以支持学术交流的一些深入分析：首先，论坛应该提供学术论文和研究成果。学术论文和研究成果是学术交流的核心内容，可以反映出师生们在汉语言文学领域的研究水平和成果。教师和学生可以

在论坛上分享自己的研究成果，包括论文、学术报告、研究项目等。这些学术成果的分享不仅可以展示个人的研究能力和学术水平，还可以为其他师生提供学习和借鉴的机会，促进学术交流和合作的深入开展。其次，论坛应该提供学术讨论和交流的平台。学术讨论是学术交流的重要形式之一，可以促进师生之间的学术互动和合作。在论坛上，教师和学生可以就特定的学术话题展开讨论，分享自己的研究观点和见解。这种学术讨论的开展有助于拓宽学术视野，促进学术思想的碰撞和交流，提高学术水平和创新能力。另外，论坛还应该提供丰富的文献资料和学术资源。文献资料和学术资源是学术研究和学习的重要依据，可以帮助师生深入了解汉语言文学领域的各个方面。在论坛上，可以提供各种文献资料，包括经典著作、研究报告、学术期刊等，为师生们提供丰富的学术资源支持。这样一来，师生们可以更加便利地获取所需的学术资料，促进学术研究和学习的深入开展。

（3）鼓励讨论和互动

通过设置评论功能和举办线上学术讨论会或研讨会等形式，可以为师生提供一个开放、自由的交流平台，激发他们的学术思考和创新能力，推动学术研究和学习的深入开展。首先，设置评论功能是论坛中鼓励讨论和互动的重要方式之一。通过在论坛上设置评论功能，用户可以对他人的发言进行回复和讨论，表达自己的观点和看法。这种交流形式不仅可以促进师生之间的学术互动，还可以拓展思路、深化问题讨论，推动学术交流和合作的深入开展。其次，举办线上学术讨论会或研讨会是鼓励讨论和互动的另一种有效方式。通过线上学术讨论会或研讨会，可以为师生提供一个更直接、深入的交流平台，促进学术观点的交流和碰撞。这种形式的交流不仅可以帮助师生们更好地理解和探讨学术问题，还可以促进他们的学术思考和创新能力的培养，推动学术研究和学习的不断深入和提高。

除此之外，论坛还可以通过其他形式鼓励讨论和互动，如组织专题讨论、设置学术问题答疑板块等。这些举措都有助于搭建一个积极、开放的学术交流平台，促进师生之间的交流与合作，推动汉语言文学教学和研究的不断发展和进步。

2. 提供资源丰富的学术交流平台

（1）提供学术资源

在构建在线学术论坛时，提供丰富的学术资源是为师生提供全面学术支持和促进学术交流的重要举措。这些学术资源包括文献资料、研究成果、学术期刊等，它们为师生提供了一个深入了解汉语言文学领域的途径，促进了学术研究和学习的深入开展。首先，提供丰富的文献资料是构建在线学术论坛的基础之一。文献资料包括经典著作、重要论文、研究报告等，它们是学术研究和学习的重要依据。通过在论坛上提供这些文献资料，可以帮助师生们深入了解汉语言文学领域的研究历史、理论框架和方法论，为他们的学术研究提供有力支持。其次，提供学术期刊是论坛的另一个重要内容。学术期刊是学术界最重要的信息发布渠道之一，它们发布了大量的学术论文和研究成果，反映了汉语言文学领域的最新研究动态和成果。通过在论坛上提供学术期刊的链接或摘要，师生们可以及时了解最新的研究进展和学术讨论，促进学术交流和合作的深入开展。此外，提供学术资源还包括研究成果和学术报告等内容。研究成果可以是学生的学术论文、课题研究报告等，它们反映了学生在汉语言文学领域的研究成果和学术能力。通过在论坛上展示这些研究成果，可以为学术交流提供丰富的案例和实践经验，促进师生之间的学术互动和合作。

（2）搭建学术交流平台

搭建学术交流平台是促进师生之间学术交流和合作的重要举措，尤其在汉语言文学教学领域，建立高效的学术论坛可以为师生提供一个开放、自由的交流平台，促进学术观点的交流和碰撞，推动学术研究和教学的深入开展。

首先，论坛作为学术交流平台，可以方便地发布学术活动信息和学术会议通知。教师和学生可以在论坛上发布关于学术讲座、研讨会、学术会议等的信息，方便师生了解和参与学术交流活动。这样的交流平台可以有效地整合学术资源，提高学术交流的效率和质量。其次，论坛还可以为师生提供一个展示学术成果和分享研究成果的平台。学生可以在论坛上发布自己的学术论文、研究报告等，与他人分享自己的研究成果和学术心得。教师也可以在论坛上发布自己的研究成果和学术见解，促进与学生之间的学术交流和合作，推动学术研究和教学的不断深入和提高。此外，论坛还可以作为学术问题讨论和解答的平台。学生可以在论坛上提出自己在学习和研究中遇到的问题，向老师和同学寻求帮助和解答。教师和同学们可以在论坛上对学生提出的问题进行讨论和解答，共同解决学术难题，推动学术交流和合作的深入开展。

（3）提供学术指导和支持

在汉语言文学教学中，论坛作为一个学术交流平台不仅可以提供信息发布和学术成果展示，还可以扮演着学术指导和支持的角色。这一角色的发挥，对于学生的学术成长和发展具有重要意义。

第一，论坛可以为学生提供学术写作指导。学术写作是学生在汉语言文学领域必不可少的重要技能。论坛可以设立专门的板块或话题，提供学术写作技巧、写作范例等资源，帮助学生提高写作水平。教师和研究生可以在论坛上分享自己的写作经验和技巧，指导学生如何进行文献检索、撰写论文、引用规范等方面的问题，从而帮助学生更好地完成学术论文和研究报告。

第二，论坛还可以为学生提供论文修改建议。学生在写作过程中可能会遇到各种问题，如逻辑不清、表达不准确、语言表达不流畅等。论坛可以设立专门的板块或话题，供学生上传自己的论文或论文片段，其他用户可以对其进行评审和修改建议。教师和研究生可以在论坛上对学生的论文进行审阅和修改，提出具体的修改意见和建议，帮助学生改进论文质量，提升学术水平。

第三，论坛还可以为学生提供学术问题解答和讨论服务。学生在学习和研究过程中可能会遇到各种学术问题，如文献资料查找、研究方法选择、研究方向确定等。论坛可以设立专门的板块或话题，供学生提出自己的学术问题，其他用户可以对其进行解答和讨论。教师和研究生可以在论坛上为学生提供专业的学术指导和支持，解答他们的疑问，帮助他们解决学术难题，促进学术交流和合作。

3. 鼓励积极参与和互动

（1）设立奖励机制

首先，可以设立积分制度。论坛用户可以通过发布高质量的内容、参与讨论、解答问题等行为来获得积分。积分可以根据贡献程度进行评定，用户可以根据积分的累积情况获得相应的奖励或称号。例如，积分达到一定数量的用户可以获得"优秀用户""学术达人"等称号，并享受相应的特权。其次，可以设立勋章或荣誉制度。论坛可以根据用户在论坛中的贡献和表现，颁发特定的勋章或荣誉称号。这些勋章或荣誉可以根据用户的贡献程度和领域专长进行设立，如"最佳回答者""优秀贡献奖"等。用户可以在个人资料中展示自己获得的勋章和荣誉，以展示自己的学术成就和贡献。另外，可以设立奖励金或实物奖励。论坛可以定期举办各类学术比赛、作品征集等活动，奖励获胜者或优秀参与者。奖励可以是现金奖励、书籍礼品、学术资料或论坛会员特权等。这样的奖励机制可以有效激励用户积极参与和创作，提高论坛的活跃度和质量。最后，可以设立排行榜或专栏展示。论坛可以根据用户的贡献情况和积分排名，设立相应的排行榜，展示排名靠前的用户。此外，论坛也可以为优秀用户设立专栏，展示其优秀的作品和贡献，让更多的用户了解和学习。

（2）定期举办活动

首先，学术比赛是一种常见的活动形式。论坛可以定期举办各类学术比赛，包括论文写作比赛、学术知识竞赛等。通过比赛，学生可以展示自己的研究成果和学术水平，获得专家评审和同行交流，从而提高学术能力和创作水平。此外，比赛还可以激发学生的学术兴趣和创新能力，培养他们的学术素养和竞争意识。其次，学术研讨会是另一种重要的学术活动形式。论坛可以定期组织各类学术研讨会，邀请专家学者和相关领域的学生参与讨论和交流。在研讨会上，学生可以就特定主题展开深入讨论，分享自己的研究成果和见解，与他人交流学术思想和经验。通过这样的交流平台，学生可以拓宽学术视野，增进对学科的理解和认识，促进学术合作和创新。另外，还可以举办学术讲座、专题讨论和学术沙龙等活动。这些活动可以邀请国内外知名学者和相关领域的专家进行学术交流和分享，为师生提供学术启发和思想碰撞的机会。通过这样的活动，学生可以了解最新的学术动态和研究进展，拓宽学术视野和思维广度，促进学术合作和交流。

（3）提供专业指导

首先，论坛管理员和学术导师可以就用户提出的学术问题进行深入解答和讨论。通过对学生提出的问题进行分析和解答，管理员和导师可以帮助学生厘清思路，解决学术困惑，提升学术水平。例如，对于学术论文写作中的问题，他们可以提供写作技巧、文献检索方法等方面的指导，帮助学生顺利完成论文写作任务。其次，他们还可以为用户提供学术方向和研究选题的指导和建议。在学术研究过程中，选择合适的研究方向和选题至关重要。论坛管理员和学术导师可以根据用户的学术背景和兴趣特点，为他们提供研究方向的建议，指导他们选择适合自己的研究领域和课题，从而提高学术研究的针对性和深度。此外，论坛管理员和学术导师还可以组织线上学术指导讲座或研讨会，为用户提供系统的学术指导和培训。通过这些活动，用户可以系统地了解学术写作规范、学术论文写作技巧、学术研究方法等方面的知识，提升学术素养和写作能力。

（二）导师指导与学生反馈

1.提供个性化的学术指导

在线学术论坛作为学术交流和指导的平台，其个性化学术指导功能尤为重要。教师可以根据学生的研究方向、兴趣爱好和学术水平，为其量身定制学术指导方案。例如，针对不同学生的研究课题，提供专业的文献推荐和研究方法指导；针对学术写作方面的困惑，提供实用的写作技巧和指导意见；针对学术发展规划，提供个性化的学术规划和指导建议。通过个性化的学术指导，可以更好地满足学生的学术需求，提高其学术研究和写作水平。

2.实现及时的师生互动

在线学术论坛为师生提供了一个便捷的交流平台，师生可以随时随地进行互动。教师应该及时回复学生在论坛上提出的问题和反馈意见，解决他们的学术困惑和疑问。同时，教师也可以主动在论坛上发布学术信息、分享研究成果，引导学生参与讨论和交流。通过及时的师生互动，可以加强师生之间的沟通和联系，促进学术交流与合作。

3.建立良好的学术氛围

在线学术论坛的建设不仅是一个技术工作，更是一个营造良好学术氛围的过程。教师应该与学生共同努力，营造一个开放、包容、积极向上的学术氛围。教师可以定期组织学术讨论会、专题讲座等活动，激发学生的学术兴趣和创新思维；学生也可以在论坛上分享自己的学术心得和研究成果，展示自己的学术才华。通过共同努力，建立良好的学术氛围，可以促进师生之间的学术交流与合作，推动学术研究和教学工作的深入开展。

二、创造多样化的学术交流场景，拓宽学生视野和思维广度

（一）主题讲座与研讨会

1.创设多元化的在线主题讲座

在线主题讲座作为汉语言文学教学中拓宽学生学术视野的重要途径之一，具有极大的潜力和价值。学校可以充分利用网络平台，邀请国内外知名学者或相关领域专家，开展多元化的主题讲座。这些讲座涵盖了汉语言文学的各个方面，包括但不限于古代文学、现代文学、文化研究、语言学等。通过线上讲座，学生可以不受地域限制，随时随地参与学术活动，与世界顶尖学者零距离接触，获得最新的学术动态和观点。这种全方位的学术启发和思想碰撞，能够极大地激发学生的学术兴趣和创新思维，提高其学术素养和研究能力。

2.举办在线学术研讨会

在线学术研讨会是学生进行深入学术探讨和交流的重要平台。通过组织在线研讨会，学生可以就特定主题展开深入的讨论，分享各自的研究成果和见解。同时，研讨会还可以邀请相关领域的专家参与，提供指导和建议，促进学生学术能力的提升。这种集思广益的学术交流氛围，有助于学生开阔学术视野，深化对汉语言文学领域的理解和认识。此外，学生还可以通过参与研讨会，提升自己的表达和交流能力，培养批判性思维和学术合作精神。因此，通过举办在线学术研讨

会，可以有效促进学生的学术交流与合作，推动学术研究和教学工作的深入开展。

在汉语言文学教学中，创设多元化的在线主题讲座和举办在线学术研讨会，将为学生提供丰富多彩的学术体验，拓宽其学术视野和思维广度，促进其学术能力的全面提升。

（二）学术竞赛与比赛

1. 开展学术作品比赛

学术作品比赛作为激发学生学术兴趣和创新能力的有效途径，在汉语言文学教学中具有重要的意义和价值。通过组织各类学术作品比赛，学校可以为学生提供一个展示自己学术成果和创作才华的平台，同时也可以激发学生的学术热情，推动学术交流与合作的深入开展。

首先，学术作品比赛可以促进学生的学术兴趣和自我提升。在比赛中，学生需要深入研究和思考某一领域的问题，撰写高质量的学术论文或创作出优秀的文学作品。这不仅要求学生具备扎实的学术功底和创作能力，还需要他们具备较高的自律性和动手能力。通过参与比赛，学生会逐渐培养起对学术研究和文学创作的浓厚兴趣，不断提升自己的学术水平和创作能力。其次，学术作品比赛有助于激发学生的创新思维和创作激情。在比赛中，学生需要围绕特定主题展开独立思考，提出新颖的观点和见解，创作出具有独特风格和深度内涵的学术论文或文学作品。这种创新性的思维和创作过程，不仅能够锻炼学生的创新能力和创造力，还有助于他们培养批判性思维和综合分析能力。通过参与比赛，学生会逐渐形成对学术和文学领域的独到见解，为学术研究和文学创作注入新的活力和动力。此外，学术作品比赛还可以为学生提供与专家学者和同行交流的机会。在比赛评审环节，学生的作品会接受专家学者和同行的严格评审，他们将获得专业性的指导和建议，从而不断完善自己的作品和学术观点。同时，学生还可以通过比赛与其他参赛者进行交流和互动，分享彼此的学术心得和创作经验，拓宽学术视野和思维广度。这种与专家学者和同行的交流与合作，有助于学生深入了解学术研究和文学创作的最新动态和发展趋势，提高自己的学术素养和创作水平。

2. 举办学术知识竞赛

学术知识竞赛作为一种重要的学术评估方式，在汉语言文学教学中具有重要的作用和意义。通过定期举办汉语言文学知识竞赛，学校可以促进学生对文学知识的学习和掌握，激发他们的学习兴趣和动力，同时也可以提升学生的学术水平和能力。

首先，学术知识竞赛是检验学生学术水平的有效方式。通过竞赛形式进行知识测试，可以全面、客观地评估学生对汉语言文学领域的知识掌握程度。竞赛题目涵盖文学常识、名著解读、文学史等多个方面，能够全面考查学生的学科基础和学术素养。学生通过参加竞赛，不仅可以检验自己的学术水平，还能够发现自己的不足之处，及时调整学习计划，提升学习效果。其次，学术知识竞赛有助于激发学生的学习兴趣和动力。竞赛的紧张氛围和挑战性题目能够激发学生的学习兴趣和求知欲望，促使他们更加主动地去学习和探索。学生为了参加竞赛，会自觉地增加学习时间，扩大学习范围，提高学习效率，从而积极投入到学术知识的学习中，不断提升自己的学术水平和能力。此外，学术知识竞赛也有利于培养学生的竞争意识和合作精神。竞赛是一个竞争性的过程，学生在竞争中会不断提高自己，力争取得好成绩。同时，竞赛也是一个合作的过程，学生可以相互交流、相互学习，共同进步。在竞赛中，学生不仅要有竞争意识，更要有团队精神，与同学共同探讨问题、共同进步，形成良好的学术氛围和团队合作意识。

第四节　创新互动模式与体验设计

在数字化时代，学生参与与互动的方式也在不断创新。通过设计创新的互动模式和体验，可以提升学生的学习积极性和参与度。这不仅有助于提高学习效果，还能培养学生的自主学习能力和创造性思维。虚拟现实互动和游戏化学习是两种重要的创新互动模式，它们为汉语言文学的教学和学习带来了新的可能性。

一、虚拟现实互动

虚拟现实（VR）技术为学生提供了沉浸式的互动体验。学生可以通过虚拟现实设备，参与虚拟课堂、虚拟实验等活动，身临其境地感受学习内容，增强学习体验。虚拟现实互动不仅能够模拟现实环境，还能创建全新的虚拟场景，使学生在学习过程中获得更加直观和深刻的理解。

（一）虚拟现实课堂

虚拟现实课堂是利用 VR 技术，将学生带入一个虚拟的学习环境中。这种沉浸式的学习方式可以让学生亲身体验学习内容，增强对知识的理解和记忆。例如，在学习古代文学时，学生可以通过 VR 设备进入一个虚拟的古代场景，如唐代长安城，亲身体验古代的街市风貌、建筑风格和社会生活。这样的虚拟现实课堂，不仅使学生能够更直观地理解文学作品中的背景和细节，还能激发他们的学习兴趣和探索欲望。

1. 沉浸式学习环境

虚拟现实课堂通过创造一个逼真的学习环境，让学生仿佛置身于真实的场景中。这种沉浸式的体验能够有效提高学生的注意力和参与度。例如，在学习《红楼梦》时，学生可以"走进"大观园，亲身感受贾府的生活场景，体验书中人物的日常活动和环境。这种亲身体验可以帮助学生更好地理解作品中的细节和情节，提升学习效果。通过这样的沉浸式环境，学生不仅能够直观地感受到作品的氛围，还能通过互动和探索，深入理解作品的文化背景和人物关系。例如，当学生走在大观园中，可以听到花鸟虫鸣，看到园林的布局和装饰，甚至可以与贾宝玉、林黛玉等虚拟人物进行对话，了解他们的心理和情感变化。

2. 个性化学习体验

虚拟现实技术还可以根据学生的学习进度和兴趣，提供个性化的学习体验。例如，学生可以选择不同的学习路径和内容，根据自己的兴趣进行探索和学习。在学习古代诗歌时，学生可以选择参观不同的历史遗址，了解诗人创作的背景和灵感来源，从而更加深入地理解诗歌的意境和内涵。通过这种个性化的学习体验，学生能够根据自己的学习需求，自主选择和控制学习内容，增强学习的自主性和积极性。例如，学生在学习李白的诗歌时，可以"游历"黄鹤楼、庐山瀑布等名胜古迹，通过了解李白的生平和创作经历，更加深刻地理解他的诗歌风格和思想情感。

（二）虚拟现实实验

虚拟现实实验是将 VR 技术应用于汉语言文学的研究和实践中。通过虚拟现实技术，学生可以参与到文学作品的创作和研究中，提升对文学作品的理解和感受。例如，在学习《红楼梦》时，学生可以通过 VR 技术，进入大观园的虚拟场景，参观贾府的各个院落，了解作品中所描述的环境和氛围。通过这样的虚拟现实实验，学生可以更加生动地感受文学作品中的场景，提升对作品的理解和感受。

1. 虚拟实验的互动性

虚拟现实实验通过互动性增强学生的参与感和体验感。例如，学生可以在虚拟实验中与虚拟人物进行对话和互动，了解人物的心理和情感变化。这种互动方式不仅增加了学习的趣味性，还能帮助学生更深入地理解文学作品中的人物和情节。例如，在学习《西游记》时，学生可以与虚拟的孙悟空、唐僧、猪八戒等角色互动，了解他们在取经路上的经历和心路历程。这种互动不仅使学生能够深入了解人物的复杂性和多样性，还能通过角色扮演，体验不同角色的视角和情感，增强对作品的整体把握和理解。

2. 提高学习效果

虚拟现实实验能够将抽象的文学知识具体化，帮助学生更好地掌握学习内容。例如，在学习《西游记》时，学生可以通过虚拟现实技术，体验孙悟空的冒险之旅，了解故事情节和人物关系。这种直观的学习方式可以帮助学生更好地理解和记忆文学作品的内容，提高学习效果。通过虚拟现实技术，学生可以体验到书中描绘的奇幻场景，如火焰山、大雷音寺等，感受其中的紧张和刺激，从而更深入地理解作品的主题和情感。例如，在体验孙悟空与红孩儿的战斗场景时，学生可以亲身感受到战斗的激烈和紧张，通过与虚拟场景的互动，增强对故事情节的记忆和理解。

（三）虚拟现实互动的优势

虚拟现实互动的最大优势在于其沉浸感和互动性。通过 VR 设备，学生可以身临其境地参与学习，增加了学习的真实感和趣味性。例如，在学习古代诗歌时，学生可以通过 VR 技术，进入诗人描绘的山水景色中，感受诗歌中的意境和情感。这种互动方式不仅提升了学习的效果，还能增强学生的情感体验和审美能力。

1. 提升学习积极性

虚拟现实互动通过创造一个有趣和富有挑战性的学习环境，能够激发学生的学习兴趣和积极性。例如，在学习《诗经》时，学生可以通过虚拟现实技术，体验古代农耕生活，了解诗歌中的田园风光和劳动场景。这种沉浸式的体验能够激发学生的好奇心和探索欲望，提升学习的积极性和参与度。通过在虚拟现实中亲身体验农耕、祭祀等活动，学生不仅能够更加直观地理解诗经中的描写，还能在互动中体会到古代生活的艰辛和乐趣，从而更加深刻地理解诗歌中的情感和意境。

2. 增强记忆和理解

虚拟现实互动能够将抽象的文学知识具体化，帮助学生更好地理解和记忆学习内容。例如，在学习《三国演义》时，学生可以通过虚拟现实技术，观看经典战役的重现，了解历史背景和人物关系。这种直观的学习方式能够增强学生的记忆和理解，提高学习效果。通过虚拟现实技术，学生可以目睹赤壁之战、长坂坡之战等历史事件，了解战场的布局和策略，深入理解历史背景和人物关系。例如，在观看赤壁之战时，学生可以看到曹操的水军布阵、周瑜的火攻策略，感受到战争的激烈和复杂，通过这种直观的学习方式，增强对历史事件的记忆和理解。

3.提高学生的创造力

虚拟现实技术不仅可以用来重现历史场景，还可以鼓励学生创造自己的虚拟世界。例如，学生可以利用 VR 技术，创作自己的文学作品，设计虚拟场景和人物，通过这种方式提升自己的创造力和想象力。例如，在学习《红楼梦》时，学生可以设计一个新的院落，想象其中发生的故事和人物关系，通过这种创作活动提升自己的文学创作能力和审美水平。通过在虚拟现实中创造和体验，学生可以探索不同的故事情节和人物关系，培养创新思维和创造力。例如，学生可以在设计新的院落时，考虑建筑风格、园林布局和人物活动，通过这种全面的设计和创作，提升自己的审美能力和创作技巧。

二、游戏化学习

游戏化学习是将游戏元素融入学习过程中，通过设置关卡、积分、奖励等方式，激发学生的学习兴趣和动力。学生在完成游戏任务的过程中，可以获得知识和技能，提高学习效果。游戏化学习不仅使学习过程更加有趣，还能增强学生的自主学习能力和团队合作精神。

（一）游戏化学习的设计

在设计游戏化学习时，教师可以结合汉语言文学的教学内容，设置具有挑战性和趣味性的学习任务。例如，在学习古代文学作品时，教师可以设计一个古代文人探险游戏，让学生扮演古代文人，通过完成各种文学任务和挑战，获取知识和技能。例如，学生需要在游戏中解答关于《诗经》的问题，翻译古文段落，创作诗词等，以此提升他们的文学素养和创作能力。

1.挑战性和趣味性

游戏化学习的设计应注重挑战性和趣味性，通过设置不同难度的关卡和任务，激发学生的学习兴趣和动力。挑战性的任务可以激发学生的竞争意识和成就感，而趣味性的设计则能增加学习的愉悦感和参与度。

（1）设置多层次的关卡

在设计游戏化学习时，教师可以将课程内容分解为多个层次的关卡，每个关卡对应不同的学习任务和目标。例如，在学习《史记》时，可以设计一个多层次的历史探险游戏，让学生通过解答历史知识问题、翻译古文段落、模拟历史情景等任务，逐步提升自己的历史知识和理解能力。每完成一个任务，学生都可以获得相应的积分和奖励，增强学习的成就感和满足感。例如，第一关可以是基础知识的测试，学生需要回答《史记》中的基本历史事件和人物背景；第二关可以是古文段落的翻译和理解，要求学生准确理解和翻译《史记》中的重要段落；第三关可以是历史情景的模拟，让学生扮演不同的历史角色，重现《史记》中的经典场景。

（2）引入趣味性元素

为了增加游戏的趣味性，教师可以在游戏设计中引入一些趣味性元素，例如动画、音效、角色扮演等。例如，在《红楼梦》的游戏化学习中，可以设计一个虚拟的大观园，学生通过完成任务解锁不同的场景和角色，了解作品中的人物关系和情节发展。在任务过程中，可以加入一些有趣的互动元素，如与贾宝玉、林黛玉等角色对话，参与他们的日常活动，增强学生的参与感和代入感。例如，学生在完成贾宝玉的一项任务时，可以通过对话了解他的思想和情感，进一步加深对角色的理解和作品的感受。

（3）激发学生的竞争意识

为了激发学生的竞争意识，教师可以设置排行榜和奖励机制，让学生在完成任务后可以看到自己的成绩和排名。通过这样的设计，学生不仅能获得成就感，还能在竞争中不断挑战自己，提升学习效果。例如，在《诗经》的学习游戏中，教师可以设置一个积分排行榜，学生在完成每个任务后都会获得相应的积分，排名靠前的学生可以获得奖励，如学习资料、虚拟徽章等。这种竞争机制不仅能激发学生的学习动力，还能通过相互学习和竞争，提升整体的学习效果。

2. 个性化学习路径

游戏化学习可以根据学生的学习进度和兴趣，提供个性化的学习路径。这种个性化的学习设计能够满足不同学生的学习需求，提高学习效果和学生的参与度。

（1）自主选择学习任务

在游戏化学习中，学生可以根据自己的兴趣和能力，自主选择不同的学习任务和挑战。例如，在学习唐诗时，学生可以选择不同的诗人和诗作，通过解读诗歌、创作诗词等任务，提升自己的文学素养和创作能力。这种自主选择的方式，可以让学生在学习过程中保持高度的兴趣和参与度，提高学习效果。例如，一名对李白感兴趣的学生可以选择李白的诗作，深入研究他的创作背景和诗歌风格，通过创作类似风格的诗词，提升自己的文学创作能力。

（2）动态调整学习路径

游戏化学习还可以根据学生的学习进度和反馈，动态调整学习路径。通过数据分析，系统可以了解每个学生的学习情况和问题，并根据这些数据，调整学习任务和难度。例如，在学习《三国演义》时，系统可以根据学生对不同章节的掌握情况，提供相应的学习建议和任务，如复习薄弱环节、提供额外的学习资源等。这种动态调整的学习路径，可以帮助学生在学习过程中不断进步，提高学习效果。例如，一名学生在学习《三国演义》时，对曹操的评价有疑问，系统可以提供更多关于曹操的背景资料和历史评价，帮助学生深入理解和分析。

（3）个性化反馈和支持

在游戏化学习中，个性化的反馈和支持也是提升学习效果的重要因素。通过实时的反馈和指导，学生可以及时发现和纠正学习中的错误，提升学习效果。例如，在学习《水浒传》时，系统可以根据学生的回答情况，提供详细的反馈和解释，帮助学生理解和掌握学习内容。例如，学生在回答关于宋江的问题时，系统可以提供宋江的详细生平和事迹，帮助学生更全面地了解和理解。

（二）游戏元素的应用

游戏化学习中常用的游戏元素包括关卡、积分、奖励等。通过这些元素，学生可以在完成任务的过程中获得即时反馈和奖励，增强学习的动力和成就感。例如，教师可以设计多个关卡，每个关卡对应不同的文学知识点，如汉字的演变、唐诗的赏析、明清小说的创作背景等。学生在通过每个关卡后，可以获得相应的积分和奖励，如虚拟徽章、学习资源等。这些游戏元素不仅增加了学习的趣味性，还能有效激发学生的学习兴趣和参与度。

1.积分和奖励

积分和奖励是游戏化学习中常用的激励机制。通过设置积分和奖励，学生在完成任务的过程中可以获得即时的反馈和奖励，增强学习的动力和成就感。积分和奖励系统不仅可以提高学生的学习兴趣，还可以通过可视化的进步，增强他们的成就感和自信心。

（1）设置积分系统

积分系统是激励学生完成学习任务的重要手段。教师可以设计一个积分系统，学生通过完成阅读、分析、创作等任务，获得相应的积分和奖励。例如，在学习《红楼梦》时，教师可以设置不同的任务，如角色分析、情节复述、场景描写等，学生在完成任务后可以获得相应的积分。这些积分不仅可以用于解锁更多的学习资源和任务，还可以用于获得虚拟奖励，如徽章、勋章等。例如，学生在完成对林黛玉角色的深入分析后，可以获得 50 积分，这些积分可以用于解锁后续章节的详细讲解和相关的背景资料。

（2）即时反馈和奖励

即时反馈和奖励是积分系统的关键部分。通过即时的反馈和奖励，学生可以在完成任务后立即看到自己的进步和成绩，增强学习的动力和成就感。例如，在学习《史记》时，教师可以设置一个即时反馈系统，学生在回答完一个历史知识问题后，可以立即看到自己的得分和正确答案。这种即时的反馈和奖励机制，可以帮助学生及时发现和纠正错误，提升学习效果。例如，学生在回答关于秦始皇的问题时，如果回答正确，可以立即获得积分和奖励，如果回答错误，可以看到正确答案和相关的解释，帮助他们更好地理解和记忆。

（3）长期激励机制

除了即时反馈和奖励，积分系统还应包括长期的激励机制。通过设置长期的学习目标和奖励，学生可以在学习过程中保持持续的动力和兴趣。例如，教师可以设置一个学期末的总积分排名，排名靠前的学生可以获得额外的奖励，如学习资料、书籍等。这种长期的激励机制，可以帮助学生在整个学习过程中保持高度的参与度和积极性。例如，在一个学期的《红楼梦》学习中，教师可以设置一个总积分排名，前十名的学生可以获得《红楼梦》的精装版和相关的研究资料，这种奖励机制不仅增加了学习的趣味性，还能激发学生的竞争意识和学习动力。

2. 虚拟徽章

虚拟徽章是一种奖励形式，通过授予学生虚拟徽章，可以激励他们完成更多的学习任务。虚拟徽章不仅是一种荣誉的象征，还可以通过展示和分享，增强学生的成就感和自豪感。

（1）设计虚拟徽章

在游戏化学习中，教师可以设计各种不同类型的虚拟徽章，以激励学生完成不同的学习任务。例如，在学习《西游记》时，教师可以设计不同的徽章，如"孙悟空奖""唐僧奖"等，学生通过完成相应的任务，获得这些徽章。这种奖励形式不仅增加了学习的趣味性，还能激发学生的竞争意识和成就感。例如，学生在完成对孙悟空角色的深入分析后，可以获得"孙悟空奖"徽章，这种徽章可以展示在学生的个人学习页面上，作为一种荣誉的象征。

（2）虚拟徽章的展示

虚拟徽章的展示是激励学生的重要手段。通过展示和分享自己的虚拟徽章，学生可以增强成就感和自豪感，同时也可以激励其他学生积极参与学习。例如，教师可以设置一个虚拟徽章展示墙，学生可以在上面展示自己的徽章和成就，互相激励和学习。例如，学生在完成《西游记》的学习后，可以在展示墙上展示自己获得的"唐僧奖"徽章和学习心得，这种展示不仅可以增强学生的成就感，还可以为其他学生提供学习的榜样和动力。

（3）虚拟徽章的等级和升级

为了增加虚拟徽章的吸引力和激励效果，教师可以设置虚拟徽章的等级和升级机制。通过完成更多的学习任务，学生可以升级自己的虚拟徽章，获得更高等级的奖励和荣誉。例如，在学习《红楼梦》时，学生可以通过完成不同难度的任务，逐步升级自己的徽章，如从"初级红楼学者"升级到"高级红楼学者"。这种等级和升级机制，不仅可以激励学生完成更多的学习任务，还可以增强他们的成就感和自豪感。例如，学生在完成对《红楼梦》各章节的深入分析后，可以逐步升级自己的徽章，从而获得更高等级的奖励和荣誉。

3.学习资源的解锁

游戏化学习中的任务和积分系统可以设计成分阶段解锁的形式，激发学生的学习动机和持久的参与兴趣。通过分阶段解锁学习资源，学生可以在逐步深入学习的过程中，不断获得新的知识和体验，保持学习的新鲜感和持续的兴趣。

（1）设计学习地图

学习地图是游戏化学习中的重要工具，通过学习地图，学生可以清晰地看到自己的学习进度和任务，激发学习的动力和兴趣。例如，教师可以设计一个学习地图，学生通过完成不同阶段的任务，不断解锁新的学习区域和资源。例如，在学习《红楼梦》时，学生可以通过完成前几个章节的阅读和分析任务，解锁后续章节的详细讲解和相关的背景资料。这种资源解锁的方式，可以使学生在逐步深入学习的过程中，不断获得新的知识和体验，保持学习的新鲜感和持续的兴趣。

（2）分阶段解锁资源

通过分阶段解锁资源，学生可以在完成每个阶段的学习任务后，获得新的学习资源和任务，增强学习的动力和成就感。例如，在学习《史记》时，教师可以设计一个分阶段的任务系统，学生在完成每个阶段的任务后，可以解锁新的学习资源和任务，如历史背景资料、人物传记、历史事件分析等。这种分阶段解锁的方式，可以帮助学生在逐步深入学习的过程中，不断获得新的知识和体验，提升学习效果。例如，学生在完成《史记》前几个章节的学习后，可以解锁关于秦始皇的详细背景资料和相关的历史事件分析，通过这种方式，逐步深入学习和理解。

（3）持久的学习兴趣

通过分阶段解锁学习资源，学生可以在学习过程中保持持久的兴趣和动力。每次解锁新的资源和任务，都会给学生带来新的学习体验和挑战，激发他们的学习兴趣和好奇心。例如，在学习《西游记》时，学生可以通过完成前几个章节的学习任务，解锁后续章节的详细讲解和相关的背景资料。这种资源解锁的方式，可以使学生在逐步深入学习的过程中，不断获得新的知识和体验，保持学习的新鲜感和持续的兴趣。

（三）游戏化学习的优势

游戏化学习的最大优势在于其激励机制和互动性。通过游戏元素的设置，学生可以在学习过程中获得即时反馈和奖励，增强学习的动力和成就感。例如，在学习古代诗歌时，学生可以通过游戏任务的完成，逐步掌握诗歌的创作技巧和欣赏方法，提高文学素养和审美能力。此外，游戏化学习还可以培养学生的团队合作精神和解决问题的能力。例如，教师可以设计团队合作任务，让学生分组完成文学创作或阅读理解任务，通过合作和交流，提升学习效果和团队协作能力。

1. 提升学习动机

游戏化学习通过积分、奖励、关卡等游戏元素，能够有效提升学生的学习动机和参与度。例如，学生在完成每一个任务时，都会获得即时的反馈和奖励，这种即时激励机制能够增强他们的成就感和满足感，进一步激发他们的学习热情和动机。例如，在学习《论语》时，学生通过完成每个章节的学习任务，可以获得相应的积分和奖励，增强对经典文学作品的兴趣和理解。

2. 增强学习互动

游戏化学习强调互动性，通过设计多样化的互动任务，增强学生之间的互动和合作。例如，教师可以设计团队任务，让学生分组完成文学作品的创作和分析，通过团队合作，提升他们的合作能力和沟通技巧。例如，在学习《三国演义》时，学生可以分组扮演不同的角色，通过模拟历史情景和对话，深入理解作品中的人物关系和情节发展。这种互动学习不仅增强了学习的趣味性，还能提升学生的团队合作能力和社交技能。

3. 培养解决问题的能力

游戏化学习通过设置各种挑战性任务，培养学生的解决问题能力和创新思维。例如，教师可以设计一些需要学生进行深入思考和解决的任务，帮助他们在完成任务的过程中，提升自己的逻辑思维和分析能力。例如，在学习《水浒传》时，教师可以设计一些情节分析和问题解决的任务，让学生通过阅读和分析，解决作品中的矛盾和冲突，培养他们的批判性思维和解决问题的能力。

第六章　数字评估与反馈机制

第一节　数字时代的评估方式

一、基于数字技术的评估方法与体系

数字技术的迅速发展为汉语言文学教学的评估带来了全新的可能性。在传统评估方式的基础上，数字化评估方法与体系的探索成为当前教育领域的重要任务之一。数字技术的应用不仅可以丰富评估手段，还能够提高评估的效率和准确性。

（一）在线学习平台和教学管理系统

数字时代的教育领域受益于在线学习平台和教学管理系统的发展，这些系统为教师提供了丰富的教学资源和管理工具，同时也为学生提供了便捷的学习途径和个性化的学习体验。

在汉语言文学教学中，教师可以利用在线学习平台发布课程资料、作业任务、课堂讨论等，通过这些平台收集学生的学习数据，如完成作业的时间、答题情况等。教师可以根据这些数据了解学生的学习进度和水平，及时进行评估和反馈。同时，学生也可以通过在线学习平台获取课程资料、参与课堂讨论、提交作业等，实现了学习资源的共享和学习过程的可视化管理。

教学管理系统的使用不仅提高了评估的效率，还能够实现对学生学习过程的全面监控和管理。通过这些系统，教师可以随时查看学生的学习情况，及时发现学生的学习困难和问题，并通过系统提供的个性化学习建议对学生进行指导和支持。这种基于数字技术的评估方法，为教学提供了更加便捷和高效的方式，促进了教学质量的提升。

（二）自适应学习系统

自适应学习系统是一种基于学生个体差异和学习需求的个性化学习平台。通过分析学生的学习数据和行为，系统可以自动调整学习内容和难度，为每个学生提供个性化的学习体验。

在汉语言文学教学中，自适应学习系统可以根据学生的学习水平和学习目标，自动调整学习任务的难度和复杂度。例如，对于学习成绩较好的学生，系统可以提供更加深入和拓展性的学习内容，以促进其学习兴趣和深度；而对于学习成绩较差的学生，系统可以提供更加基础和易于理解的学习任务，帮助其建立自信和兴趣。

通过自适应学习系统，学生可以根据自己的学习进度和能力水平，自主选择学习内容和学习方式，提高学习的效率和成效。同时，教师也可以通过系统的数据分析和反馈，了解学生的学习情况，及时调整教学策略，促进学生的学习发展和成长。

（三）虚拟实验室和仿真技术

虚拟实验室和仿真技术为汉语言文学教学提供了一个安全、便捷的实践性评估环境。通过这些技术，学生可以在虚拟环境中进行各种实验和操作，实现对汉语言文学知识和技能的实践性评估。

例如，教师可以利用虚拟实验室设计汉语语言文字的书写实践，让学生在虚拟环境中进行汉字书写练习，系统可以实时监测学生的书写过程和准确率，并进行评估和反馈。又如，通过仿真技术，可以模拟汉语言文学中的历史事件或文学场景，让学生在虚拟环境中体验和分析，实现对文学作品和历史文化的深入理解和评价。

虚拟实验室和仿真技术的应用不仅提高了评估的可控性和安全性，还能够拓展学生的实践能力和创新思维。通过这些技术，学生可以在虚拟环境中体验和探索，加深对汉语言文学的理解和认识，提高学习的兴趣和动力。

二、实现对学生学习过程和成果的全面评估

数字时代的评估方法不仅关注学生的学习成果，更重视对学生学习过程的全面评估。通过对学生学习行为数据和学习成果的综合分析，可以更准确地评估学生的学习情况和能力水平，为教学提供更有针对性的指导和支持。

（一）学习行为数据的收集与分析

在数字时代，利用在线学习平台和教学管理系统可以收集学生的学习行为数据，这些数据包括但不限于学习时间、学习内容、学习进度、在线互动等。通过对这些数据的收集和分析，教师可以深入了解学生的学习情况，从而实现对学生学习过程的全面评估。

首先，学习时间的收集可以帮助教师了解学生的学习习惯和学习效率。通过分析学生在学习平台上的活跃时间段和学习时长，可以了解到学生的学习规律和节奏。例如，有些学生可能更倾向于在晚上或周末进行学习，而有些学生则更喜欢在白天进行学习，这些差异性的学习习惯可以通过数据分析来反映和理解。其次，学习内容的收集可以帮助教师了解学生的学习重点和学习偏好。通过分析学生在学习平台上的浏览记录、课程参与情况以及作业完成情况，可以了解到学生对不同学科和知识点的兴趣程度和理解深度。这有助于教师根据学生的学习需求和兴趣，为其提供个性化的学习指导和支持。

最后，学习进度的收集可以帮助教师了解学生的学习速度和学习效果。通过分析学生在学习平台上的学习进度和学习任务的完成情况，可以了解到学生的学习进展和学习效果。例如，有些学生可能在短时间内能够迅速完成学习任务，而有些学生则可能需要更长的时间来消化和理解学习内容，这些差异性的学习进度可以通过数据分析来发现和分析。

（二）个性化学习建议与指导

基于学习行为数据的分析结果，教师可以为学生提供个性化的学习建议和指导，帮助他们更好地调整学习策略和提升学习效果。

首先，针对学习效果不佳的学生，教师可以提供针对性的学习策略和方法。通过分析学生的学习行为数据，可以了解到学生可能存在的学习问题和困难，例如学习动力不足、学习方法不当等。针对这些问题，教师可以针对性地提供学习建议，例如建议学生调整学习时间和学习环境，改变学习方法和学习方式，以提高学习效果和成绩。其次，针对学习进度较快的学生，教师可以提供拓展性的学习任务和挑战性的项目。通过分析学生的学习行为数据，可以了解到学生学习速度较快、学习能力较强的特点。针对这些学生，教师可以提供一些拓展性的学习资源和挑战性的学习任务，以满足其学习需求和提高学习兴趣。

第二节　自动化评估工具的应用

一、利用自动化评估工具提高评估效率与准确性

传统的评估方式存在着评分效率低、准确性不高的问题，而数字时代的自动化评估工具则能够有效应对这些挑战，提高评估的效率和准确性。

（一）自然语言处理技术的应用

1. 评阅与分析

传统的论文评阅过程存在着效率低下和主观误差大的问题。教师需要花费大量时间逐篇评阅学生的论文，而且每个教师的评分标准和偏好也可能存在差异，导致评分不公平。而自然语言处理技术的应用能够解决这些问题。通过构建自动评阅系统，可以实现对学生论文的自动评分和分析。系统可以根据预先设定的评分标准，对论文的内容、语言表达、结构等方面进行评估，并生成相应的评语和建议。这样不仅可以提高评阅效率，减轻教师的工作负担，还可以降低评分的主观性，使评分更加客观公正。

2. 错误检测

语法错误是学生论文中常见的问题之一，但教师往往需要花费大量时间和精力才能发现和纠正这些错误。自然语言处理技术能够帮助教师快速准确地检测论文中的语法错误。通过语言模型和语法分析算法，系统可以识别并标记出论文中的拼写错误、语法错误、标点符号使用不当等问题。例如，系统可以检测并纠正句子中的主谓不一致、动词时态错误、代词引用不清等语法问题，提高论文的语言质量和表达准确性。

3. 性格连贯性评估

除了语法错误，论文的条理性和连贯性也是评价论文质量的重要指标之一。自然语言处理技术可以帮助教师评估论文的逻辑结构和表达连贯性。通过分析论文的段落结构、句子连接等，系统能够识别出论文中是否存在逻辑跳跃、观点不连贯等问题。例如，系统可以分析段落之间的逻辑关系，检测论文中是否存在论据不足或者论据不支持论点的情况，从而帮助学生改进论文的逻辑结构和论证方式。

（二）机器学习算法的运用

1.学习表现预测与分析

在汉语言文学教学中，机器学习算法的应用不仅可以用于学生学习表现的预测，还能够为教师提供深入的分析结果，从而指导教学实践和个性化教学。这种数据驱动的方法为教学提供了新的可能性，以下将深入探讨其在学习表现预测与分析方面的应用。

第一，机器学习算法可以基于学生的历史学习数据来预测其未来的学习表现。例如，通过收集学生的课堂表现、作业成绩、考试成绩等数据，可以建立起学生的学习模型。利用监督学习算法，如决策树、支持向量机等，可以从这些数据中学习出学生学习表现的模式和规律。然后，利用这些模式和规律，可以对新的学生进行学习表现的预测。比如，可以预测学生在某一门课程中的期末成绩，或者预测学生在某一学期的整体学习表现。这种预测能力为教师提供了重要的参考，可以帮助他们及早发现学习困难学生，并采取针对性的教学措施，从而提高教学效果。

第二，机器学习算法还可以对学生的学习行为进行深入分析，从而揭示出学生的学习模式和习惯。例如，可以利用聚类分析算法对学生的学习行为数据进行聚类，找出具有相似学习行为模式的学生群体。通过分析这些学生群体的学习特点，可以发现他们的学习偏好、学习风格以及学习困难等信息。这种深入的学习行为分析可以为教师提供更加全面的了解，帮助他们更好地制定教学策略和个性化教学计划。例如，对于喜欢群体性学习的学生，可以采用小组合作的教学方式；对于偏好独立学习的学生，则可以提供更多的个性化学习资源和指导。

第三，机器学习算法还可以通过分析学生的学习轨迹和进度，及时识别出学习中的问题和障碍，并提供相应的解决方案。例如，可以利用序列模型算法对学生的学习历程进行建模，发现学生学习中的关键节点和转折点。通过监测学生的学习进度和学习行为，可以及时发现学习停滞、理解困难等问题，并提供个性化的学习建议和辅导。这种及时的学习支持能够帮助学生克服学习困难，提高学习效率和学习成绩。

2.个性化学习支持

个性化学习支持是指根据学生个体的学习情况和需求，为其提供量身定制的学习建议、资源和指导，旨在最大程度地满足学生的学习需求，促进其学习成长和发展。在汉语言文学教学中，机器学习算法可以发挥重要作用，通过对学生学习数据的分析，为教师提供个性化的学习支持和建议，以下将对此进行深入探讨。

第一，机器学习算法可以通过分析学生的学习行为和学习数据，识别出学生的学习模式和偏好。例如，系统可以分析学生在学习过程中的学习时间、学习方式、学习频率等数据，从而了解学生是更倾向于群体性学习还是独立自主学习，是更适应于视觉学习还是听觉学习。基于这些分析结果，系统可以为教师提供个性化的教学建议，帮助教师调整教学方法和教学资源，更好地满足学生的学习需求。比如，对于喜欢群体性学习的学生，可以采用小组合作的教学方式；对于偏好独立学习的学生，则可以提供更多的个性化学习资源和指导。

第二，机器学习算法还可以根据学生的学习表现和成绩，提供个性化的学习建议和辅导。例如，系统可以分析学生在课堂上的参与情况、作业和考试的成绩等数据，从而了解学生的学习水平和学习困难。基于这些分析结果，系统可以为教师提供针对性的教学策略和资源推荐，帮助学生克服学习困难，提高学习效果。比如，对于成绩较差的学生，可以提供额外的辅导和复习资料；对于学习进度较慢的学生，则可以提供个性化的学习计划和指导。

第三，机器学习算法还可以通过分析学生的学习轨迹和进度，为教师提供个性化的学习支持和指导。例如，系统可以监测学生在学习过程中的学习进度和学习行为，发现学生学习中的问题和障碍。基于这些分析结果，系统可以及时提供相应的学习建议和解决方案，帮助学生克服学习困难，提高学习效率。比如，系统可以根据学生的学习进度和理解程度，调整学习内容和学习难度，提供个性化的学习路径和学习资源。

3. 学习进展监测

第一，机器学习算法可以通过持续分析学生的学习数据和行为，实现对学生学习进展的实时监测。例如，系统可以收集学生在学习过程中产生的各种数据，包括在线学习平台的学习行为数据、学习应用程序的使用数据、学习社交平台的互动数据等。通过对这些数据的分析，系统可以了解学生的学习进度、学习行为、学习偏好等信息，从而实现对学生学习进展的实时监测。例如，系统可以监测学生在学习过程中的学习时间、学习内容、学习频率等数据，发现学生学习中的问题和困难，及时提供相应的反馈和支持，帮助学生调整学习策略，提高学习效率。

第二，机器学习算法可以利用学生学习数据和行为，构建学生的学习模型，从而实现对学生学习进展的个性化监测。例如，系统可以根据学生的学习数据和行为，构建学生的学习模型，包括学生的学习特点、学习偏好、学习能力等信息。

然后，系统可以利用这些学习模型，对学生的学习进展进行个性化监测和分析，发现学生学习中的问题和困难，并提供相应的个性化反馈和支持，帮助学生更好地提高学习效果。例如，系统可以根据学生的学习模型，预测学生在某一学习任务中的学习表现，及时发现学生学习中的问题和困难，提供个性化的学习建议和辅导。

第三，机器学习算法还可以通过监测学生在学习过程中的学习行为和学习动态，发现学生学习中的潜在问题和障碍，从而实现对学生学习进展的精准监测。例如，系统可以分析学生在学习过程中的学习行为，如学习内容的选择、学习方法的应用、学习时间的安排等，发现学生学习中的潜在问题和障碍。然后，系统可以及时提供相应的反馈和支持，帮助学生克服学习困难，提高学习效率。例如，系统可以发现学生在学习过程中存在着学习习惯不良、学习方法不当等问题，及时提醒学生调整学习策略，改进学习方法，从而提高学习效果。

在汉语言文学教学中，自然语言处理技术和机器学习算法的应用能够有效提高评估效率与准确性，为教师和学生提供更加个性化和高效的学习支持，推动教育信息化进程，促进教育教学质量的提升。

二、结合人工评估与自动评估，确保评估结果的客观性和可信度

虽然自动化评估工具可以提高评估的效率，但在评估结果的客观性和可信度方面仍存在一定挑战。因此，需要将自动评估与人工评估相结合，以确保评估结果的准确性和公正性。

（一）初步自我评估

1. 自动评估工具的应用

在汉语言文学教学中，利用自动评估工具对学生的作业、论文等进行初步评估已经成为一种日益普遍的趋势。这些自动评估工具通过整合自然语言处理技术和机器学习算法，能够快速、准确地对大量作业进行评分，并提供评估报告和反馈，从而极大地提高了评估的效率和准确性。以下将深入探讨自动评估工具在汉语言文学教学中的应用，并探讨其优势和局限性。

第一，自动评估工具可以帮助教师快速评估大量学生作业，节省时间和人力成本。传统上，教师需要花费大量的时间和精力逐一阅读和评价学生的作业，这不仅效率低下，还容易出现主观偏差。而自动评估工具可以通过自然语言处理技术和机器学习算法，快速地对学生的作业进行评分和分析，从而大幅缩短了评估

时间，提高了评估效率。例如，这些工具可以自动识别和标记作文中的语法错误、拼写错误、逻辑错误等问题，并根据预设的评分标准进行评分，最终生成评估报告和反馈，为教师提供参考和辅助，节省了大量的评阅时间。

第二，自动评估工具能够提高评估的准确性和客观性。由于人工评估存在主观性和个体差异，不同教师可能会给出不同的评分，导致评分的不公平和不一致。而自动评估工具可以根据预先设定的评分标准和模型，客观地对学生的作业进行评估，避免了主观偏差和个体差异。这些工具可以基于语言模型、语法分析和机器学习算法，对作业中的语言表达、结构和内容进行全面、客观的评估，从而提高了评估的准确性和客观性。例如，这些工具可以分析学生作文的段落结构、句子连接和观点逻辑，识别出其中的逻辑错误和不连贯之处，从而提供客观准确的评分和反馈。

2. 评估效率提升

自动评估工具在提升评估效率方面确实具有显著的优势，其能够在较短的时间内对大量作业进行评分，从而极大地节省了教师的时间和精力。这种高效率的评估过程不仅提高了教学效率，还为教师提供了更多的时间和空间，可以将精力集中在更深层次的教学活动和学生指导上，以下将从多个角度对这一点进行深入分析。

第一，自动评估工具的高效率主要体现在其对大量作业的快速评分上。传统的人工评估方式需要教师逐一阅读和评价每一份学生作业，这在大班级教学中尤其耗费时间和精力。而自动评估工具则可以通过自然语言处理技术和机器学习算法，快速地对作业进行评分，节省了大量的评阅时间。例如，一款名为"Turnitin"的自动评估工具可以通过比对学生提交的论文和其数据库中的文献，自动检测抄袭和重复内容，从而帮助教师快速了解学生作业的原创性和质量。

第二，自动评估工具的高效率还表现在其对学生作业的大数据分析能力上。这些工具可以通过整合大量学生作业的数据，分析学生的学习模式、学习习惯、常见错误等信息，为教师提供更全面、更深入的评估结果和反馈。例如，自动评估工具可以通过扫描学生的答题卡，自动生成评分报告和学习分析，帮助教师了解学生的学习情况和知识掌握程度，从而针对性地调整教学策略和课程设置。

第三，自动评估工具的高效率还体现在其对评估过程的标准化和一致性上。传统的人工评估往往存在主观性和个体差异，不同教师可能会给出不同的评分，导致评分的不公平和不一致。而自动评估工具可以基于预设的评分标准和模型，客观地对作业进行评分，避免了主观偏差和个体差异，提高了评估的一致性和可比性。例如，一款名为"ETS e-rater"的自动评估工具可以通过自然语言处理技术，自动识别和评估学生作文中的语言表达、逻辑结构等方面的问题，为教师提供客观准确的评分结果。

3. 主观性和误差的考量

由于语言的复杂性和多义性，自动评估工具可能无法完全准确地理解和分析学生的作业，导致评分结果存在一定的偏差。在使用自动评估工具进行初步评估时，教师需要对评估结果进行谨慎的审核和修正。

第一，自动评估工具可能存在的主观性和误差主要源于语言的复杂性和多义性。人类语言具有丰富的语法结构、词汇选择和表达方式，不同的语境和背景可能会产生不同的理解和解释，这给自动评估工具带来了挑战。例如，一个词语在不同的语境中可能有不同的含义和用法，而自动评估工具可能无法准确地理解和解释这种多义性，导致评分结果存在一定的主观性和偏差。因此，教师在审核和修正评估结果时，需要考虑到语言的多义性和复杂性，对评估工具的理解能力和准确性进行合理的评估和调整。

第二，自动评估工具可能存在的主观性和误差还可能源于评分标准和算法模型的设定。评分标准和算法模型的设定直接影响着评估结果的准确性和客观性，而不同的评分标准和算法模型可能会导致不同的评分结果，甚至产生主观性和偏见。例如，如果评分标准过于宽松或过于严格，可能会导致评分结果的不公平和不一致；如果算法模型对于某些语言结构或表达方式的理解能力不足，可能会导致评分结果的偏差和误差。因此，教师在使用自动评估工具时，需要审慎选择评分标准和算法模型，确保其合理性和科学性，减少评估结果的主观性和误差。

第三，自动评估工具可能存在的主观性和误差还可能受到数据质量和算法优化的影响。评估结果的准确性和可靠性在很大程度上取决于评估工具所使用的数据质量和算法模型。如果评估工具所使用的数据质量较低或算法模型不够优化，可能会导致评分结果的不准确和不可靠。因此，教师在选择和使用自动评估工具时，需要注意评估工具的数据来源和算法优化程度，确保评估结果的准确性和可靠性。

（二）人工评估与调整

1. 评估结果的人工评阅

尽管自动评估工具能够在短时间内对大量作业进行初步评估，但教师的人工评阅仍然是必不可少的环节。教师凭借自身的专业知识和经验，能够对学生的作业进行更为细致和全面的分析，确保评估结果的准确性和公正性。以下将从多个角度对教师的人工评阅进行深入探讨。

第一，教师的人工评阅能够弥补自动评估工具的局限性。尽管自动评估工具在识别拼写错误、语法错误等方面具有一定的准确性，但对于文学作品等复杂性较高的作业，其识别能力可能存在一定的局限性。教师凭借自身的专业知识和经验，能够对作业中的内容、观点、逻辑等方面进行更深入的分析和评价，发现并修正自动评估工具可能忽略的问题，确保评估结果的全面性和准确性。

第二，教师的人工评阅能够关注学生的个性化特点。每个学生的学习能力、学习风格、知识水平等都存在差异，而自动评估工具往往只能提供一般性的评估结果，无法充分考虑学生的个性化需求。教师通过人工评阅，能够针对每个学生的具体情况进行个性化的评价和指导，帮助学生更好地理解和掌握知识，提高学习效果。

第三，教师的人工评阅还能够注重作业的思想性和创造性。在文学作品、论文等高阶作业中，思想性和创造性往往是评价的重点，而自动评估工具可能无法准确捕捉和评估这些方面的内容。教师通过人工评阅，能够对作业的思想深度、观点独创性等方面进行更为细致和深入的分析，发现和挖掘学生作品中的亮点和创新之处，为学生的进一步成长和发展提供重要的指导和支持。

第四，教师的人工评阅还能够提供及时的反馈和指导。自动评估工具往往只能提供简单的评分和错误提示，而无法提供针对性的反馈和指导。教师通过人工评阅，能够为学生提供更为具体和个性化的反馈，指出作业中存在的问题和不足之处，并提出改进建议和学习建议，帮助学生更好地改进和提高。

2. 评分结果的审查和修正

教师通过审查和修正，可以根据作业的实际情况和要求，重新评估评分标准，并对评分结果进行适当的调整，从而确保评分的客观性和可信度。

第一，教师应对自动评估工具所使用的评分标准进行审查和重新评估。评分标准是评价作业质量的重要依据，直接影响着评分结果的准确性和公正性。教师在审查评分标准时，应考虑作业的特点、要求和目标，以及评分标准是否能够全面、客观地反映作业的质量。如果发现评分标准存在不合理或不完善的地方，教师应及时对其进行修正和调整，以确保评分的准确性和公正性。

第二，教师应对自动评估工具生成的评分结果进行逐项审查和分析。在审查评分结果时，教师应注重作业的各个方面，包括语言表达、内容准确性、逻辑结构、创新性等。教师可以根据自身的专业知识和经验，对评分结果进行细致的检查，发现可能存在的评分偏差或误差，并加以修正。例如，如果自动评估工具将某些正确的内容误标记为错误，教师可以进行修正，确保评分结果的准确性和公正性。

第三，教师还应对学生作业的特殊情况进行考虑和处理。每个学生的学习能力、学习风格和背景都存在差异，作业的质量也会有所不同。在审查和修正评分结果时，教师应根据学生的个体情况和特殊需求，对评分结果进行个性化的调整。例如，对于学习困难或特殊需求的学生，教师可以对其作业的评分标准进行适当放宽或调整，以体现其努力和进步。

第四，教师还应与学生进行有效的沟通和反馈。在对评分结果进行审查和修正的过程中，教师应及时与学生沟通，解释评分标准和结果，指出作业中存在的问题和不足之处，并提出改进建议和学习指导。通过与学生的有效沟通，教师可以帮助学生更好地理解评分标准和要求，提高作业的质量和水平，促进学生的学习和成长。

3. 个别情况的特殊处理

在人工评估学生作业的过程中，教师可能会面对一些特殊情况，例如学生的作业质量较差、存在严重的语言错误，或者学生遇到了个人困难等。针对这些情况，教师需要采取特殊的处理方式，以确保评估过程的公正性和学生的学习效果。

第一，对于作业质量较差或存在严重语言错误的学生，教师应给予额外的指导和支持。这些学生可能需要更多的帮助和指导才能改进作业质量和提高学习水平。教师可以与这些学生进行个别会谈，了解他们的学习情况和困难所在，为他们提供针对性的学习指导和建议。例如，教师可以对学生的作业进行详细的分析和批注，指出存在的问题和改进的方向，并提供相应的学习资源和辅导材料，帮助学生提高作业质量和学习能力。

第二，教师还可以与学生进行个别沟通，帮助他们克服学习困难和挑战。有些学生可能由于个人原因或外界因素导致作业质量较差，这时教师可以通过与学生的沟通了解情况，并给予必要的支持和关怀。例如，如果学生遇到了家庭问题或健康问题，教师可以与学生进行私下交流，了解他们的困难，并提供相应的帮助和支持，让学生感受到关心和理解，激发他们的学习动力和信心。

第三，教师还可以采取个性化的教学策略，帮助学生克服学习困难和提高学习效果。每个学生的学习能力和学习方式都有所不同，教师可以根据学生的个体特点和需求，采用不同的教学方法和手段，帮助他们克服学习障碍，提高学习成绩。例如，对于语言能力较弱的学生，教师可以采用更简单、更直观的教学方式，帮助他们理解和掌握知识；对于学习动力不足的学生，教师可以采用激励性的教学手段，激发他们的学习兴趣和动力。

第四，教师还可以与家长或其他教育相关人员进行合作，共同帮助学生克服学习困难和提高学习效果。家长是学生学习过程中的重要支持者和参与者，他们与教师的密切合作可以为学生提供更全面、更有效的学习支持。教师可以与家长进行沟通，了解学生的学习情况和需求，共同制定学习计划和目标，为学生提供家校合作的良好环境和条件。

第三节　实时反馈与个性化指导

一、提供实时反馈和个性化学习建议

在数字时代的汉语言文学教学中，实时反馈和个性化学习建议是提高教学效果的重要手段。

（一）利用学习管理系统实现实时反馈

1.学习管理系统的应用

学习管理系统（LMS）或在线教学平台在当今数字时代的汉语言文学教学中扮演着至关重要的角色。这些平台不仅为教师提供了便捷的教学工具，同时也为学生提供了灵活的学习环境，促进了教学和学习的效率和效果。

第一，学习管理系统为教师提供了方便快捷的学生作业和测验管理功能。教师可以在平台上创建作业和测验，并设置截止日期和评分标准。学生完成作业和测验后，作业成绩和测验结果会自动记录在系统中，教师可以随时查看和评估学生的学习情况。这样一来，教师可以更加有效地管理学生的学习任务，及时了解学生的学习进展，为学生提供必要的指导和支持。

第二，学习管理系统为教师提供了实时的学生学习数据分析和反馈功能。教师可以通过系统生成的学生学习数据报告，了解学生的学习行为和表现，发现学生可能存在的学习问题和困难。教师可以根据学生的学习数据，及时调整教学策略和课程设计，针对性地提供学生所需的支持和指导。同时，学生也可以通过系统查看自己的学习数据，了解自己的学习情况，及时调整学习计划和方法，提高学习效果。

第三，学习管理系统为教师和学生提供了多样化的教学和学习资源。教师可以在平台上上传教学资料、课件、视频等资源，为学生提供丰富多样的学习内容。学生可以根据自己的学习需求和兴趣，自主选择和学习这些资源，丰富了学习的内容和方式，提高了学习的趣味性和效果。同时，学习管理系统还可以为教师和学生提供在线讨论、协作编辑、互动交流等功能，促进师生之间的互动和合作，丰富了教学和学习的形式和内容。

第四，学习管理系统还为教师提供了便捷的课程管理和教学反思功能。教师可以在平台上创建课程计划和课程表，管理课程资料和教学活动。同时，教师还可以利用系统提供的教学反思工具，对教学过程和效果进行分析和总结，不断优化教学方法和内容，提高教学质量和效果。

2. 作业提交与批改

学习管理系统的作业提交与批改功能在现代汉语言文学教学中扮演着至关重要的角色，它为教师和学生提供了便捷、高效的作业管理和评估方式。通过这一功能，教师可以更加及时地收集学生作业，进行批改和评分，并及时向学生提供反馈，从而促进学生的学习和成长。

第一，学习管理系统的作业提交功能为学生提供了方便的作业提交途径。学生可以通过系统在规定的时间内在线提交作业，无须受到时间和地点的限制，提高了学生的作业提交效率。例如，在一门汉语言文学课程中，教师布置了一篇关于中国古代诗词鉴赏的作业。学生可以在系统中上传自己的作品，不受时间和地点的限制，完成作业的提交。

第二，学习管理系统的作业批改功能为教师提供了高效的作业评估方式。一旦学生提交了作业，教师可以在系统中查看作业并进行批改和评分。系统通常提供了标准化的批改工具，例如标注、评分等功能，使得教师可以更加方便地对学生的作业进行评估。以前述的诗词鉴赏作业为例，教师可以通过系统对学生的诗词鉴赏作品进行批注和评分，标注出学生的优点和不足，评定出作业的得分。

第三，学习管理系统的作业批改功能还为教师提供了个性化的反馈途径。教师可以在系统中针对每个学生的作业提供具体的反馈和建议，帮助学生了解自己的学习情况，并指导其改进学习方法和提高学习效果。例如，对于诗词鉴赏作业，教师可以通过系统对学生的作品进行批注，指出学生的诗词选材是否得当、韵律是否流畅等问题，并提出具体的修改建议，帮助学生提高作品的质量。

第四，学习管理系统的作业批改功能还为学生提供了及时的反馈渠道。一旦教师完成作业的批改和评分，学生就可以立即在系统中查看自己的成绩和反馈，了解自己在哪些方面做得好，哪些方面需要改进。这种及时的反馈有助于学生及时调整学习策略，提高学习效果。例如，学生可以根据系统中的评分和反馈，分析自己的不足之处，并在下次作业中加以改进，逐步提高自己的学习水平。

3. 测验与考试成绩发布

学习管理系统的测验与考试成绩发布功能为教师和学生提供了便捷、及时的学习评估和反馈渠道。通过这一功能，教师可以轻松地创建在线测验和考试，并在学生完成后系统自动进行评分。学生则可以立即在系统中查看自己的成绩和答题情况，了解自己的学习水平和薄弱环节，从而及时调整学习策略，提高学习效果。

第一，学习管理系统的测验与考试功能为教师提供了灵活、多样的评估方式。教师可以根据课程要求和教学目标，在系统中创建各种形式的测验和考试，包括选择题、填空题、问答题等。这种多样的评估方式能够更好地评价学生的学习情况和能力水平，帮助教师更全面地了解学生的学习状况。例如，在一门汉语言文学课程中，教师可以利用系统创建一次关于古诗词鉴赏的在线考试，考查学生对古诗词的理解和鉴赏能力。

第二，学习管理系统的测验与考试成绩发布功能为学生提供了及时的学习反馈。一旦学生完成测验或考试，系统会自动评分，并将成绩和答题情况实时显示在学生的个人页面上。学生可以立即查看自己的成绩和答题情况，了解自己的优劣势，及时发现学习中存在的问题和薄弱环节。例如，学生可以通过系统查看自己在古诗词鉴赏考试中的成绩和答题情况，了解自己对古诗词的理解和掌握程度，发现自己的不足之处，为下一步的学习提供指导和参考。

第三，学习管理系统的测验与考试成绩发布功能还为教师和学生提供了方便的学习数据分析和管理工具。教师可以通过系统生成的学生成绩报告，了解学生的整体表现和学习趋势，发现学生可能存在的学习问题和困难。同时，学生也可以通过系统查看自己的学习数据，分析自己的学习情况和成绩变化，为学习计划的调整和学习方法的改进提供依据。例如，教师可以利用系统生成的成绩分布图和学生成绩分析报告，了解学生的学习情况和成绩分布情况，为课程的后续教学提供参考和指导。

第四，学习管理系统的测验与考试成绩发布功能还为教师和学生提供了有效的沟通和互动平台。教师可以根据学生的成绩情况，及时与学生进行个别沟通，为学生提供针对性的学习建议和指导。同时，学生也可以通过系统向教师提出问题和反馈，寻求教师的帮助和支持。这种及时的沟通和反馈有助于教师更好地了解学生的学习需求和问题，为学生提供个性化的学习支持和指导。

4.讨论和互动

学习管理系统的讨论和互动功能在现代教育中扮演着至关重要的角色。除了传统的作业和测验评估外，这一功能为教师和学生提供了一个开放的学习环境，促进了学生之间的交流和思维碰撞，有助于构建更加丰富和深入的学习体验。

第一，学习管理系统的讨论板块为学生提供了一个开放的交流平台。学生可以在讨论板块上发表自己的观点、提出问题，与教师和同学进行互动和讨论。这种开放的交流环境有助于激发学生的学习兴趣，促进学生之间的思想交流和碰撞，丰富了学生的学习体验。例如，在一门汉语言文学课程中，学生可以在讨论板块上分享自己对某篇古诗的理解和感悟，与同学们一起探讨诗歌中的意象和主题，从而深化对诗歌的理解和鉴赏。

第二，学习管理系统的在线互动工具为教师和学生提供了方便的交流渠道。教师可以利用在线互动工具与学生进行实时的互动和讨论，回答学生提出的问题，解决学生的疑惑，及时给予学生学习建议和指导。这种实时的交流和互动有助于提高教学效果，促进教师和学生之间的密切联系。例如，教师可以通过在线互动工具在课堂上与学生进行互动，提出问题，引发学生思考，激发学生的学习兴趣，提高课堂教学的活跃度和效果。

第三，学习管理系统的讨论和互动功能为学生提供了一个自主学习和合作学习的平台。学生可以通过讨论和互动与同学合作，共同解决问题，探讨学习中的疑难，共同学习和进步。这种合作学习的方式有助于培养学生的团队合作能力和解决问题的能力，提高学生的学习效果和成绩。例如，学生可以在讨论板块上组成小组，共同探讨某个文学作品的解读和分析，通过合作学习的方式深入理解文学作品的内涵和意义。

第四，学习管理系统的讨论和互动功能还为教师提供了一个重要的教学辅助工具。教师可以通过监控讨论板块和在线互动工具，了解学生的学习情况和学习需求，及时调整教学策略和课程设计，提高教学效果。例如，教师可以通过观察学生在讨论板块上的讨论和互动情况，了解学生对某个知识点的理解程度和困惑点，针对性地进行教学调整和辅导指导。

（二）个性化学习建议的提供

1.基于学习数据的个性化分析

学习管理系统收集到的学生学习数据为教师提供了丰富的信息，这些数据包括学生的作业成绩、测验成绩、参与讨论的频率、在线学习的时长等。基于这些数据，教师可以进行个性化分析，深入了解每个学生的学习情况和需求，并为其提供个性化的学习建议和支持。

第一，学习管理系统的学习数据可以帮助教师了解每个学生的学习表现。通过分析学生的作业成绩和测验成绩，教师可以了解学生在不同知识点上的掌握程度和学习能力。例如，教师可以通过学习管理系统查看学生在某次测验中的得分情况，发现哪些学生对特定知识点掌握较好，哪些学生存在薄弱环节。这种个性化的学习表现分析有助于教师更好地了解学生的学习状况，为其提供有针对性的学习指导和辅导。

第二，学习管理系统的学习数据可以帮助教师了解每个学生的学习行为。通过分析学生参与讨论的频率、在线学习的时长等数据，教师可以了解学生的学习态度和学习习惯。例如，教师可以通过学习管理系统查看学生在讨论板块的发言情况，了解哪些学生积极参与课堂讨论，哪些学生较为被动。这种个性化的学习行为分析有助于教师更好地了解学生的学习态度和学习动力，为其提供相应的学习指导和激励措施。

第三，学习管理系统的学习数据还可以帮助教师了解每个学生的学习需求。通过分析学生的学习数据，教师可以发现学生在学习过程中可能存在的问题和困难，并为其提供相应的学习支持和帮助。例如，教师可以通过学习管理系统查看学生在某个知识点上的答题情况，发现哪些学生存在理解困难，哪些学生需要额外的练习和辅导。这种个性化的学习需求分析有助于教师更好地了解学生的学习需求，为其提供针对性的学习建议和支持。

2.针对性地学习方法和策略

针对学习成绩较差或学习困难的学生，教师可以采取一系列针对性的学习方法和策略，以帮助他们克服学习障碍，提高学习效果。这些方法和策略需要根据学生的具体情况和学习需求进行个性化设计和实施，包括但不限于提供更多的练习题目、针对性的辅导或额外的学习资源等。

第一，针对性学习方法和策略可以包括提供更多的练习题目。对于学习成绩较差或学习困难的学生，他们可能需要更多地练习来加强对知识点的理解和掌握。因此，教师可以针对性地设计额外的练习题目，覆盖课堂教学中的重点和难点，帮助学生巩固学习内容。例如，在汉语语法教学中，教师可以为学习成绩较差的学生提供额外的语法练习题目，重点训练学生的语法应用能力，帮助他们提高语法水平。

第二，针对性学习方法和策略可以包括针对性的辅导和指导。对于学习成绩较差或学习困难的学生，他们可能需要更多的个性化指导和支持来解决学习中的问题和困难。因此，教师可以与这些学生进行一对一或小组辅导，针对其学习需求和困难点，提供个性化的学习指导和解决方案。例如，在汉语写作教学中，教师可以对学习成绩较差的学生进行写作辅导，针对其写作中存在的问题和错误进行逐一指导和纠正，帮助他们提高写作水平。

第三，针对性学习方法和策略还可以包括提供额外的学习资源和支持。对于学习成绩较差或学习困难的学生，他们可能需要额外的学习资源和支持来补充课堂教学不足。因此，教师可以为这些学生提供额外的学习材料、学习视频或在线课程等资源，以拓宽其学习视野和提高学习效果。例如，在汉语阅读教学中，教师可以为学习成绩较差的学生提供适合其水平的阅读材料，帮助他们提高阅读理解能力。

3. 挑战性的学习任务和拓展性的学习资源

为了满足学习成绩较好的学生的学习需求和挑战其学习潜力，教师可以设计并提供一系列具有挑战性和拓展性的学习任务和学习资源。这些任务和资源不仅可以帮助学生深入探索学科知识，还可以培养其独立思考能力、创新能力和解决问题的能力。

第一，挑战性学习任务可以包括研究性课题的设计和探索。针对学习成绩较好的学生，教师可以设计一些深入的研究性课题，要求学生进行独立或小组研究，并撰写研究报告或论文。这些课题可以涵盖当前学科领域的前沿问题或学科发展的热点话题，激发学生的学术探索兴趣。例如，在汉语言文学课程中，教师可以要求学生选择一个具有挑战性的文学问题，如古代诗词的流传与影响，进行深入研究，并撰写相关论文，从而深化对文学研究方法和理论的理解。

第二，拓展性学习资源可以包括扩展阅读材料的提供和学术资源的引导。教师可以为学习成绩较好的学生提供一系列与课程内容相关的拓展阅读材料，涵盖不同主题和风格的文学作品，以拓宽学生的知识视野和阅读能力。同时，教师还可以引导学生利用学术资源，如学术期刊、学术会议等，深入了解学科的最新研究成果和学术前沿。例如，在汉语言文学课程中，教师可以引导学生阅读一些经典的文学理论著作，如《中国文学史纲要》，以加深对中国文学发展历程和文学批评理论的理解。

第三，挑战性学习任务和拓展性学习资源还可以包括参与学术讨论和学术活动。教师可以组织学生参加学术讨论会、学术研讨会等活动，与其他同行进行学术交流和思想碰撞，拓展学生的学术视野和交流能力。同时，教师还可以鼓励学生积极参与学术竞赛、创新项目等学术活动，锻炼学生的创新意识和实践能力。例如，在汉语言文学课程中，教师可以组织学生参加一些文学论坛或文学比赛，展示自己的研究成果和文学作品，与其他学生进行学术交流和比较，从而提高学生的学术素养和竞争力。

二、通过数字化手段帮助学生更好地调整学习策略和提升学习效果

数字化评估工具可以通过个性化的学习分析和建议，帮助学生更好地调整学习策略和提升学习效果。

（一）个性化学习分析

1.学习数据和行为分析

在汉语言文学教学中，利用数字化评估工具进行个性化学习分析是教师为学生提供更有效支持的关键。通过深入分析学生的学习数据和行为，教师可以获得宝贵的见解，帮助他们更好地了解每个学生的学习习惯、偏好和问题。这种个性化分析可以基于多种学习数据，例如学生的学习时间分配、作业和测验成绩、在线学习行为等。

第一，学生的学习时间分配是个性化学习分析的重要指标之一。通过数字化评估工具，教师可以了解学生每天花费在学习上的时间以及他们在不同学科或任务上的时间分配情况。例如，某些学生可能倾向于在特定时间段内集中精力学习某一学科，而在其他时间段则不太活跃。这样的分析可以帮助教师确定最佳的学习时间安排，并提供个性化的建议，以使学生更有效地利用他们的学习时间。

第二，学生的作业和测验成绩也是个性化学习分析的重要依据。通过数字化

评估工具，教师可以收集和分析学生的作业和测验成绩数据，以识别学生的学习表现和潜在问题。例如，如果某个学生在语法测验中得分较低，但在阅读理解作业中表现良好，教师可以推断该学生在语法方面存在较大的困难，需要额外的指导和支持。这样的个性化分析可以帮助教师有针对性地调整教学策略，以满足学生的学习需求。

第三，学生的在线学习行为也提供了重要的个性化学习分析数据。通过数字化评估工具，教师可以追踪学生在在线学习平台上的行为，如登录频率、课程访问时长、学习模块完成情况等。例如，如果某个学生经常登录在线学习平台但很少参与课程讨论或完成作业，可能表明该学生存在学习动力不足或学习方法不当的问题。通过这种个性化分析，教师可以及时发现学生的学习问题，并提供相应的帮助和支持。

2.学习习惯和偏好识别

通过学习数据的分析，教师可以深入了解学生的学习习惯和偏好，从而为他们提供更加个性化的学习支持和指导。这种个性化的识别不仅可以帮助教师更好地了解学生的学习方式，还可以提高教学效果和学生的学习满意度。首先，学习数据的分析可以揭示学生的学习时间偏好。通过分析学生在不同时间段的学习活动，教师可以了解到每个学生在一天中哪些时间段更倾向于学习。例如，有些学生可能更喜欢在晚上或夜间学习，因为这时候他们觉得更加专注和精力充沛；而另一些学生可能更喜欢在早晨或白天学习，因为这时候他们的思维更加清晰和活跃。通过识别学生的学习时间偏好，教师可以在安排作业、测试或课堂活动时更加考虑学生的个体差异，以提高学习效果。其次，学习数据的分析还可以揭示学生在学习方式上的偏好。不同的学生可能通过不同的方式获取知识和信息，如阅读、听力、视觉等。通过分析学生在不同学科或任务中的学习表现，教师可以了解到每个学生更喜欢哪种学习方式。例如，有些学生可能更喜欢通过阅读书籍或资料来学习，因为他们觉得阅读是获取知识的最有效途径；而另一些学生可能更喜欢通过听力或视觉方式（如观看视频）来学习，因为他们更容易理解和记忆通过听觉或视觉传达的信息。通过识别学生的学习方式偏好，教师可以根据学生的实际需求和喜好设计教学内容和活动，提高学习的吸收和效果。

除了学习时间偏好和学习方式偏好外，学习数据的分析还可以揭示其他方面的学习习惯和偏好，如学习环境偏好、学习任务偏好等。通过全面了解学生的学习习惯和偏好，教师可以更好地规划和组织教学活动，提供更加个性化的学习支持和指导，从而提高学生的学习积极性和学习效果。

3.问题和挑战的发现

除了了解学生的学习习惯和偏好，通过学习数据的分析，教师还可以发现学生可能面临的问题和挑战，从而有针对性地提供支持和解决方案。这种问题和挑战的发现对于个性化学习的实现至关重要，因为它们可以帮助教师更好地理解学生的学习需求，并采取相应的措施来帮助他们克服困难，提高学习成绩和学习体验。首先，通过学习数据的分析，教师可以发现学生在特定知识点上可能存在的学习困难。例如，在汉语言文学教学中，某些学生可能在理解特定的文学作品、掌握某些语法规则或运用汉字书写方面遇到困难。通过分析学生的作业、测验成绩以及参与课堂讨论的情况，教师可以识别出这些困难，并为学生提供额外的辅导和支持，以帮助他们克服困难，提高学习成绩。其次，学习数据的分析还可以揭示学生在时间管理方面可能遇到的挑战。在现代社会，学生面临着诸多课业、社交和兴趣爱好等方面的压力，很多学生可能存在时间管理不足的问题，导致学习效率低下和学习任务完成困难。通过分析学生的学习时间分配、作业提交时间以及课程参与情况，教师可以发现哪些学生存在时间管理方面的困难，并为他们提供相关的建议和指导，帮助他们学会合理安排学习时间，提高学习效率。此外，学习数据的分析还可以帮助教师发现学生可能面临的其他挑战，如学习动力不足、学习方法不当、学习焦虑等。通过综合分析学生的学习数据和行为，教师可以全面了解学生的学习情况，及时发现潜在的问题和挑战，并采取相应的措施加以解决。

（二）个性化学习建议

1.学习时间和方法的调整

针对个性化学习分析中发现的学生学习习惯和偏好，教师可以为学生提供相应的学习建议。例如，对于那些偏好晚间学习的学生，教师可以建议他们调整学习时间表，合理安排学习任务和休息时间；对于那些更倾向于视听学习的学生，可以推荐相关的视频课程或听力资料。

2.知识点的重点复习

针对个性化学习分析中发现的学生问题和挑战，教师可以为学生提供重点知识点的重点复习建议。通过指导学生集中精力复习和强化掌握重要知识点，帮助他们提高学习效果和应对考试挑战。

3. 资源的推荐和引导

除了调整学习时间和方法，教师还可以根据学生的学习需求和偏好，推荐适合的学习资源和辅助工具。这些资源可以包括相关的教材、参考书籍、在线课程等，帮助学生更好地理解和掌握学习内容，提高学习效果。

参考文献

[1] 郭小磊．沐经典美文，修生命之本——"经典诵读校本课程的开发、实施研究"课题阶段综述 [J]. 基础教育论坛（综合版），2014（03）：8-9.

[2] 张延寿．浅谈数字时代汉语言文学的经典阅读与体验 [J]. 语文课内外，2020（02）：212.

[3] 季晶晶．数字时代汉语言文学经典的阅读与体验研究 [J]. 科教导刊，2019（30）：27-28.

[4] 孙逸．互联网环境下汉语言文学的经典阅读分析 [J]. 长江丛刊，2019（30）：47，157.

[5] 王方钊．新媒体环境下汉语言文学教学实践——评《新媒体环境下汉语言文学教学优化策略》[J]. 新闻与写作，2020，（06）：116.

[6] 全朝阳．新媒体环境下的汉语言文学教学策略分析——评《新媒体环境下汉语言文学教学优化策略》[J]. 新闻爱好者，2019，（11）：109-110.

[7] 魏黎丽．新媒体环境下的汉语言文学教学策略分析 [J]. 教育教学论坛，2019，（31）：236-237.

[8] 卢春红．新媒体环境下汉语言文学发展困境探究 [J]. 智库时代，2019，（29）：207+209.

[9] 吉敏．新媒体环境下汉语言文学教学优化策略研究 [J]. 教育（文摘版），2019（1）：00217-00217.

[10] 吴伟强．新媒体环境下汉语言文学教学优化策略研究 [J]. 长江丛刊，2019（1）：131-132.

[11] 王蕾滋．新媒体环境下汉语言文学教学优化策略 [J]. 新西部：理论版，2016，361（4）：120-121.

[12] 王晓玲．职业教育视角下汉语言文学教学的改革创新路径探索 [J]. 现代职业教育，2021（01）：156-157.

[13] 包盈.高校汉语言文学教学弘扬中华优秀传统文化的分析 [J].长江丛刊，2020（36）：59-60.

[14] 陈亮.中职汉语言文学专业的创新与实践分析 [J].现代职业教育，2021（02）：160-161.

[15] 李蕾.远程教育背景下汉语言文学专业拓展与教学改革初探 [J].课外语文，2020（36）：141-142.

[16] 陈寿琴.本科文学课程翻转课堂教学模式的实践反思 [J].教育现代化，2019（18）：1-2.

[17] 王静丰.汉语言文学专业普通话教学中翻转课堂模式的应用研究 [J].黑龙江生态工程职业学院学报，2019（02）：101-102+108.

[18] 谭秀中.对多媒体辅助汉语言文学教学的思考 [J].中国教育技术装备，2019（3）：33-34.

[19] 王俊芹.汉语言文学信息化结合应用性分析 [J].中国教育技术装备，2019（27）：40-41.

[20] 韩冰.微课在开放大学汉语言文学专业中的应用 [J].辽宁科技学院学报，2019，21（2）：79-81.